国学概说

王耀 著

『国学开讲』丛书

增订本

上海教育出版社

前　言

　　二十世纪八十年代初，曾有过一次关于中西文化的热潮。当时因为长期受"左"倾思潮影响，人们普遍缺乏坚定的信念，有一种信仰危机，对传统文化没有好感，认为它落后保守、没有创造性，希望引进西方文化。

　　九十年代初期，北京大学成立了一个传统文化研究中心，传统文化研究尤其是国学研究逐渐受到重视。《人民日报》1993 年 8 月 16 日发表整版文章《国学在燕园悄然兴起》，《光明日报》和其他报纸也相继发表了有关国学的文章。国学研究重新进入人们的视野，似有复兴之征兆，但尚未形成规模，学者大多比较冷静，很少大张旗鼓打出"国学"旗号。因为当时"左"的思潮还比较厉害，有人把国学和保守连在一起，称"国学复兴"为"新保守主义思潮"，认为复兴国学就是摒弃社会主义新文化，对悄然兴起的国学有非常激烈的指责，所以学者都很谨慎，未敢轻言国学。

　　新世纪之后，关于国学的文化开始热了起来，各类国学讲座和文化讲座此起彼伏。有大学办起了国学院，也有创办《国学研究》杂志或发表《国学宣言》的。祭孔或祭黄帝、祭大禹等活动也规模越来越大，越办越隆重。2006 年 9 月 28 日孔子诞辰 2557 年的祭孔大典还推出了所谓"孔子的标准像"雕塑。国外成立的中文系和孔子学院也越来越多，有一个英国爵士还在南京夫子庙办起了孔子学堂。诸如此类新闻和消息当时不断见诸报端。那时比较突出的是央视《百家讲坛》火了起来。虽然所讲常被指有错，或被斥为"鸡汤"而遭到非议，但节目的火爆还是表现出了那时国人对国学的极大热情，以及对普及国学知识的渴望。

国学在新世纪之初的突然升温，应该是和当时我国经济的高速发展密切相关的。中国经济自二十世纪八十年代初逐渐走上正轨后，至新世纪初进入相对繁荣时期。物质相对充裕之后，就凸显了精神的绝对空虚与贫乏，于是人们有了追求文化的欲望，希望找到一个精神支撑。这就给了国学一个极好的复兴机遇，所以《百家讲坛》顺势红火了起来。国学在那时的突然升温看似偶然，却也必然，是经济发展后对文化和精神的呼唤，所谓"仓廪实而知礼节"。肚子吃饱了，物质富裕了，就有了精神的需求，这是社会经济发展的必然。国学的升温，正是借了经济发展的东风，当然强大的现代传媒也起了助推作用。

如今，国学研究已进入常态化，学者或著书，或撰文，纷纷普及国学知识。不少报纸还特辟国学专栏，如《新民晚报》2008年就专设"国学论谭"版，以传承国学知识。国学教育开始进入课堂。台湾地区的国文课补充教材《国学课》和《国学基本教材》的"四书读解"（《论语高级读解》《孟子高级读解》和《大学中庸高级读解》）均被引进出版，作为教师的参考用书。同时，国内出版社也顺应时势，出版了不少国学读本，如被列为高中语文选修教材的《〈论语〉选读》和《〈孟子〉选读》，成为青年学子丰富国学知识、开拓文化视野的进修读物。

如今距二十世纪八十年代初已经过去四十年了，国人从最初的信仰缺失,到对传统文化的批判、对西方文明的向往,再到后来传统文化的复兴、国学的升温,这一切背后都是经济在起作用。从曾经的民族虚无、"全盘西化"到如今的传统文化热和国学热,可以说是中国经济发展到一定时期的必然,或曰历史的必然。

1973 年,英国历史学家阿诺德·汤因比(1889—1975)曾与日本池田大作(1928—)有过一次关于人类社会和当代世界问题的对话。汤因比那时就已预见到世界和平统一的主轴在东亚,他把未来文明的希望寄托于中国,认为中国将在未来世界"发挥主导作用",有可能引领世界的和平与统一。他在晚年所作《人类与大地母亲》中再次强调,弘扬中华文化有益于全人类在未来走出困境。

此后国外学者多有阐扬其说者。如二十世纪九十年代,美国《时代》周刊总编法利德·扎克里亚就已预言了中国的崛起。2005 年《新闻周刊》又以《中国的世纪》为题,报道了中国发展的各个层面,并说"中国的崛起不再是一个预言,它已是一个事实"。美国知名投资家吉姆·罗杰斯因此认为"未来将是'中国时代'",就是说,二十一世纪是中国的世纪。如果真是这样,那么应该如汤因比所说,是以"文化主轴为中心"的"中国的世纪""中国时代"。

文化的复兴和传播,必定伴随着经济的强盛而来。谁经济强势,谁文化就强势。新世纪以来的传统文化热和国学热,应该就是当下中国经济繁荣在文化领域的反映。

一个民族的现在和过去总有着割不断的血脉联系,传统永远和现在连在一起,因而对传统的理解或解读多少都会带有一些时代的色彩,这或许就是宋儒所说"六经注我"的意思,也是如今不少国学读本都冠以"今读""今释"或"别裁""心得"之名的缘故。

前言

但这本小册子却是"我注六经"式的读本，所以冠以"概说"之名。其旨重在概要性地客观说明或介绍，只是希望能有助于读者对传统国学基本知识的全面了解，不作"别裁""心得"之类的主观阐说或引申发挥。

陈璧耀

二〇〇八年三月十六日初稿

二〇二〇年五月十三日改写

目　录

国学概说

目录

国学概说

目录

国学概说

目录

国
学
概
说

目录

一、什么是国学

国学是我国在二十世纪初叶倡导的一门学问，也是当时新出现的一个专门术语。但对"国学"一词的理解和解释，对其内涵和外延的界定，却历来众说纷纭。有认为国学是一个泛指概念的，也有认为是特指概念，而特指概念中又有广义和狭义的不同。有关国学的定义，学界至今尚有争议。

1. 泛指说

所谓泛指，意思是说国学不是中国所特有的，每一个国家都有自己的国学。如邓实在《国学讲习记》中说：

> 国学者何？一国所有之学也。
> 国学者，与有国而俱来，因乎地理，根之民性，而不可须臾离也。（转引自章太炎《国学概论》）

章太炎在 1906 年《国学讲习会序》中说：

> 夫国学者，国家所以成立之源泉也。（《民报》第七号，转

引自《章太炎讲国学》)

这些都是泛指的所谓国学，意指每一个国家都有自己的国学，国学与国家同时形成，是国家得以存在的根本，和该国的地理环境与民族性（如生存方式、生产方式、思维方式、交往方式等）密切相关，不可须臾分离。

2. 特指说

所谓特指，是说国学是中国特有的，专指中国的学术。如胡适在《国学季刊》的《发刊宣言》中说：

"国学"在我们心眼里，只是"国故学"的缩写。中国的一切过去的文化历史，都是我们的"国故"；研究这一过去的历史文化的学问，就是"国故学"，省称"国学"。

胡适认为"国学"只是"国故学"的省称，专指中国的"国故"。今人张岱年在为"国学入门丛书"所写的序言中说：

国学的名称起于近代，近代以来，西学东渐，为了区别于西学，于是称中国本有的学术为国学。

张岱年认为"国学"是相对于"西学"而言的一个术语，用来指称中国本有的学术。

中国台湾学者朱维焕在《国学入门》中说：

　　"国学"即"中国学术"之省称。所谓"学术",乃相应环绕于人生之诸问题,以探讨其原理、原则,并寻求解决之方术。就此探求而得之原理、原则,以及解决之方术,所成就之理论系统,称为"学术"。此一属于中国特有之学术系统,简称为"国学"。

　　朱维焕认为"国学"就是"中国学术"的省称,为中国特有之学术系统的省称。

　　现代辞书多持特指说。如《辞海》的定义是:

　　中国学术的简称。相对于西学而言。

《汉语大词典》的定义是:

　　指我国固有的文化、学术。

《现代汉语词典》的定义为:

　　称我国传统的学术文化,包括哲学、历史学、考古学、文学、语言文字学等。

　　上述说法都强调国学是专指中国学术的,属于中国特有的学术系统。相对而言,持这种特指说的比较多。

　　其实特指的概念也很宽泛。我国是一个多民族国家,学术也

绪论

应该是多民族的,但实际上我们常说的国学却一般专指以汉语言文学为主的传统学术文化;而就汉语言文化的学术系统来说,也还有广义和狭义的区别。

广义说以为国学指的是我国过去一切的文化历史,上引胡适的说法最具代表性。《现代汉语词典》的定义也是广义的。1925年吴宓在主持清华国学研究院时积极倡导广义的国学,以国学为"中国学术文化之全体"。他在《研究院发展计划意见书》中明确指出:"本院所谓国学,乃取广义,举凡科学之方法、西人治汉学的成绩,亦皆在国学正当之范围以内,故如方言学、人种学、梵文等,皆国学也。"2010年百岁高龄的周有光先生接受《东方早报》采访时,针对当时的"国学热",曾表示应用"华夏文化"来代替"国学"。他说:"民国那时候就有许多人说不要用'国学'这两个字。什么叫'国学'?只有中国有'国学'吗?我就用'华夏文化'来代替'国学'。我主张研究华夏古代的东西,温故而知新。"(《东方早报》2010年3月8日)

狭义说则以为不是所有汉语言文学的传统文化都是国学,国学是专指经、史、子、集这四部学问的。其中还有主次之分,主体是研究经和史的学问,其外延才是研究子和集的学问。至于小说和传奇之类的研究,则不在国学的范畴之中。所以以国学为"中国学术之省称"或"称我国传统的学术文化"的说法,都是一种宽泛的说法。

3."赋新思于旧事"的国学概念

百花洲文艺出版社有一套"国学大师丛书",书前有一篇相当于前言的《重写近代诸子春秋》，其中认为现在所说的国学概念，应该是"赋新思于旧事"而涵注现时代之新义的。兹引录相关说法如下：

> "国学大师丛书"的组编者以为，所谓国学就其内容而言，系指近代中学与西学接触后之中国学术，此其一；其次，既是中国学术便只限于中国学子所为；再次，既是中国学子所为之中国学术，其方式方法就不仅仅限于文字（考据）释义，义理（哲学）释义便也是题中应有之义。综合起来，今之所谓国学，起码应拓宽为：近代中国学子用考据和义理之法研究中国古代文献之学术。这些文献，按清代《四库全书总目》的划分，为经、史、子、集四部。经部为经学（即"六经"，实只五经）及文字训诂学；史部为史志及地理志；子部为诸子及兵、医、农、历算、技艺、小说以及佛、道典籍；集部为诗、文。
>
> 但是，以上所述仍嫌遗漏太多，而且与近现代学术文化史实不相吻合。国学既是"与西学接触后的中国学术"，那么，这国学在内涵上就不可能也不必限于纯之又纯的中国本土文化范围。

这个概念是就近代那些曾留过洋的国学大师而言的。这些国学大师在研究国学时，大多借用了西学的逻辑分析和推理，以及实证和实验等方法，而不是传统的纯中学（中国学术）的研究方法。因此丛书组编者对国学概念的结论是"近代以降中国学术的总称"。也就是说，近代以来的国学是包涵西学成分的。但这只是就

绪
论

研究方法而言的,若就研究之本体说,国学就是传统的中国学术,是"纯之又纯的中国本土文化"。

4. 本书所取的国学概念

本书所说的国学是特指的狭义概念,即以汉语言文学传统为主体的中国学术,包括经、史、子、集四部学问,子部也只说诸子而不及其他,相对而言范围更狭窄些。

二、"国学"之名的由来与别称

1. "国学"之名原非国产

钱穆在二十世纪二十年代所著《国学概论》弁言中说:

> 学术本无国界。"国学"一名,前既无承,将来亦恐不立。特为一时代的名词。其范围所及,何者应列国学,何者则否,实难判别。

他认为"国学"之名不是国产的,"前既无承",在本土找不到继承和渊源关系。那么,"国学"一词来自何方呢?

曹聚仁在《中国学术思想史随笔》中说:

> "国学",乃是外来语,并非国产。日本人原有"支那学""汉学"这样的名词,因此,十九世纪后期,留学日本归来的学人,译之为"国学",也就是"中国学术"之意。日译章师的《国

学概论》，便是《支那学概论》。在我国古代，"国学"即"国子学"，也称"太学"，便是今日的国立大学，不可混为一谈。

从语源上说，"国学"一词古已有之。《周礼·春官·乐师》：

> 乐师掌国学之政，以教国子小舞。

但此"国学"非彼"国学"。这里所说的"国学"，指的是国家级学校。在周朝，专指国家级的贵族子弟学校。这名称后来屡有变化，汉代称"太学"，晋代称"国子学"，隋以后多称"国子监"，直至清光绪三十一年（1905）废科举设学部时才最终废止。

本书所说的"国学"始于晚清，但不是原来国立大学的意思，而是来自东邻日本的借词。据研究，这个词源于日本的江户和明治时代（1868—1912），原是一种抵制中国文化的排外思潮，意思是通过对日本本国古典文献和固有文化的研究与表彰，来反对和抵制长期在日本占据支配地位的我国传统儒学和佛学。1887年，黄遵宪在《日本国志》中就有"（日本）近世有倡为国学者"的话，之后遂由留日学人引入。清末光绪三十年（1904），邓实在上海的《政艺通报》上发表《国学保存论》，国内首次出现了"国学"这个名称。自此"国学"遂成为专指中国学术的名词，沿用至今已百余年了。

后来章太炎在日本组织"国学讲习会"，刘师培也曾发起过"国学保存会"。1922年6月，章太炎在上海讲授国学，共讲了十次。当时报纸大肆宣传，听者甚众。曹聚仁把这些讲演的记录稿作系统整理后，于同年11月以《国学概论》书名出版。这应是最早有关国学的比较系统的论述。1923 年，北京大学出版了《国学季刊》，这是最早的国学杂志。1925 年，清华大学筹建了国学研究院，这是我国第一所国学研究院。国学在二十世纪二三十年代曾兴起过一个研究的高潮。

2. "国学"有许多别称

"国学"还有许多不同的名称。曹聚仁在《中国学术思想史随笔》中说：

> "国学"这名词，仔细考校起来，颇有毛病，因此有人称之为"国粹"，章太炎师称之为"国故"，他的《国故论衡》，便是谈中国学术的专著。我曾称之为"国故学"，也曾为国内学人所共许。可是，"国学"一词，已经约定俗成，一直和"国故"一同流传着，也就算了。以类推之，乃有国乐、国剧、国术、国医等名词，大家心中明白，这便是中乐、中国戏、中国武术、中医的意思，不待细说了。

以"国"字指称中国者确实不少，如国人、国文、国语、国音、国药、国画等。

"国学"的别称主要有：

中学——清末张之洞主张"中学为体，西学为用"，以"中学"指称中国学术，与"西学"对称。

国粹——"粹"为精粹之意。许地山有《国粹与国学》一书，刘师培与章太炎有《国粹学报》发行。"国粹"似有夸大中国学术全部是精粹的意思，也有人认为是选取精粹而抛弃其他之意，后感觉有所不妥，遂改称"国故"。

国故——章太炎著《国故论衡》。"国故"有两解：中国之旧学；中国之掌故，即中国之文献。"国故"就是本国文献，不论精粹与否，总是宝贵的史料，因而总称过去所有的文献。但这个名称只能代表研究的对象，而不能代表研究这种对象的学问，所以又有"国故学"的名称出现。

国故学——曹聚仁著《国故学大纲》，欲以科学方法研究国故，使之成为有系统的知识，以替代"国故"。

古学、旧学——相对西方以哲学、政治、经济等为内容的新学而言。

汉学——西方学者对中国学术的指称。

文学——先秦时对当时学术的总称。《论语·先进》："德行：颜渊、闵子骞、冉伯牛、仲弓。言语：宰我、子贡。政事：冉有、季路。文学：子游、子夏。"皇侃《义疏》引范宁曰："文学，谓善先王典文。""先王典文"在那时就是经典，所以文学就是经学，也就是现在所说的"国学"。

三、国学的分类与派别

中国的传统学术在春秋战国时代最为发达，诸子百家各有所长。自汉武帝独尊儒术后，诸子之学衰落，儒家经学成了唯一的学

绪论

术,所以两千年来,读书人除了解经似乎就别无学问。历来提倡国学的人,都是以经学为核心,奉儒家为正宗的,但在解经的方法上却有所不同。

汉儒解经,注重字句训释和制度考证。

宋儒反对汉儒的解经方式,主张依经义而修养心性。

清初学者又批评宋明的心性之学,以为无补于时艰,因而提倡经世致用的实学,但仍以通经致用为中心,并由经学而奠定了有清一代考证学的基础。

晚清时,因受列强侵略的刺激与外来思想的影响,遂有关注现实的康梁倡导维新和章太炎参加革命。辛亥革命之后,儒家的地位恢复到与诸子同列,"国学"遂不再以解释经书为唯一任务了。

1. 分类

旧时把中国学术书籍分为四类——经、史、子、集,称"四部",这就是所谓的"四部分类法"。据《新唐书·艺文志》载,唐玄宗开元年间(713—741),群书被分置于长安和洛阳两地,"以甲乙丙丁为次,列经史子集四库",于是又有"四库"的名称。清乾隆时下诏开四库全书馆,由纪昀主持《四库全书》的整理,历时十年,收书三千四百六十余种,三万六千余册。

章太炎 1935 至 1936 年间的《章氏国学讲习会讲演记录》(即《国学讲演录》)共有五讲,分为小学、经学、史学、诸子、文学。旧时"小学"多附列于"经部"之末,以为读经之工具,所以章氏之五讲若以"小学"归入"经学",实际也是"四部"。

国
学
概
说

兹列《隋书·经籍志》与清《四库全书》的四部分类如下:

经部,也叫甲部。涉及哲学、历史、文学和语言文字学等多种学科。

《隋书·经籍志》:易、书、诗、礼、乐、春秋、孝经、论语、纬书、小学,共十类。

《四库全书》:易、书、诗、礼、春秋、孝经、五经总义、四书、乐、小学,共十类。

史部,也叫乙部。涉及历史学、地理学、天文学和各种体裁的历史著作。

《隋书·经籍志》:正史、古史、杂史、霸史、起居注、旧事、职官、仪注、刑法、杂传、地理、谱系、簿录,共十三类。

《四库全书》:正史、编年、纪事本末、别史、杂史、诏令奏议、传记、史钞、载记、时令、地理、职官、政书、目录、史评,共十五类。

子部,也叫丙部。涉及哲学、宗教、天文、医学乃至器物等许多学科与知识门类。

《隋书·经籍志》:儒家、道家、法家、名家、墨家、纵横家、杂家、农家、小说家、兵家、天文、历数、五行、医方,共十四类。

《四库全书》:儒家、兵家、法家、农家、医家、天文算法、术数、艺术、谱录、杂家、类书、小说家、释家、道家,共十四类。

集部,也叫丁部。以各种文学作品和文艺理论著作为主。

《隋书·经籍志》:楚辞、别集、总集,共三类。

《四库全书》:楚辞、别集、总集、诗文评、词曲,共五类。

绪
论

清乾隆时,姚鼐曾分中国学问为三门:义理之学、辞章之学、考据之学。后曾国藩又益以"经世"一门。他在写给弟弟的信中说:

> 兄之私意,以为义理之学最大,义理明则躬行有要,而经济有本。辞章之学,亦所以发挥义理者也。考据之学,吾无取焉矣。……吾以为欲读经史,但当研究义理,则心一而不纷。

于是中国学术又有以下四类划分法:

> 义理之学——包括经学、子学、玄学、理学、佛学、哲学、宗教等。
>
> 辞章之学——包括诗学、词学、曲学、文章学、小说学、俗文学等。
>
> 考据之学——包括文字学、音韵学、训诂学、目录学、版本学、校勘学等。
>
> 经世之学——包括政治学、社会学、经济学、史学、商学、医学、数学、农学等。

2. 派别

国学以古书为对象,古书文字艰深,又有错漏,后人多按自己的理解质疑,于是就形成了不同的经学派别。

义理、辞章、考据是三种不同的学术门类,所取的学术道路不同,对古书的解释也常常相异,遂形成三个不同的学术派别,"各执一途,互相诋毁"(曾国藩与弟书语)。

（1）义理学派

义理学派即所谓的宋明理学，其解经多望文生义，借孔孟的话宣传自己的思想，为我所用。其中，朱熹的研究比较注重客观性，主张"格物致知"，讲求从人情物理去了解孔孟，后人称为理学。因朱熹的学术渊源于程颐，所以后人称为程朱理学。宋人陆九渊与朱熹不同，他的研究是纯主观的。他认为"心即理"，公然宣称"六经皆我注脚"。明朝王守仁延续了陆九渊的学术，后人遂称为陆王心学，以与程朱理学相区别。

图示如下：

$$
义理学派 \longrightarrow 宋明理学
\begin{cases}
\to 程朱理学 \\
\to 陆王心学
\end{cases}
$$

（2）辞章学派

辞章学派包括由古文和骈文两个不同门类而形成的两个派别。骈文讲究四六对偶，而古文是散文，不要求对仗，于是研究骈文的就反对古文，研究古文的就反对骈文。到了清朝，古文派内又分出了桐城派和阳湖派。这两派其实都是文学的散文流派。桐城派的开创者是方苞，后继者有刘大櫆、姚鼐等人，因为都是安徽桐城人而名为桐城派。这一派主张取法先秦两汉的散文和唐宋古文，讲究义法，文字要求雅洁，但内容相对贫乏，多流于空洞，然而在清代影响较大。阳湖派为恽敬和张惠言等人所开创，因多为江苏阳湖（今常州武进）人而得名。此派源出桐城，对桐城古文的戒律有所不满，为文取法儒家经典与诸子，文风比较恣肆。

绪
论

图示如下：

（3）考据学派

考据学派源自汉学，与重义理的宋学相对立。汉朝建立以后倡导研究经书，但因秦火的缘故，古经原本已难寻觅，当时研究的本子都是通行的隶书本。后来据说在古建筑（如孔子故宅）的夹壁中发现了古文原本，于是在研究上就分出了古文派和今文派。这两派经学家主要从事考证古书的真伪，或考证古书上的名物，或探求古文字的意义和经书的微言大义，一般称为考据之学，因起源于汉朝，后人遂称为汉学。

图示如下：

考据学派 —— 汉学 ┬→ 今文派
　　　　　　　　　　└→ 古文派

经学派别的分类历来多有不同，也有按时代分为两汉、三国至隋唐、宋元明、近儒四派，或汉学系、宋学系和新汉学系三派的。周谷城先生以为可以孔子为核心分为三派：西汉今文学、东汉古文学、宋学。他说，今文学以孔子为政治家，所以偏重微言大义；古文学以孔子为史学家，所以偏重名物训诂；宋学以孔子为哲学家，所以偏重心性理气。这也不失为一种分类法。

其实，分类只是为了方便研究，只能说明一个大致的侧重，难以绝对，因为不同派别的经学家在研究上多有交融相通之处。

第一章　经部概说

一、经与经学

1."经"原是一根线

"经"是什么？许慎《说文解字·系部》：

> 经，织也。

段玉裁《说文解字注》：

> 织之从丝谓之经，必先有经而后有纬。

"从"就是"纵"，"从丝"即纵线，也就是经线。"经"是"巠"的加旁分化字。"巠"字象形，象织机上的纵线。"经"从"糸"，本义就是编织品里纵向贯穿始终的长线，与纬线相交就可编成织品。后由编织引申借指书籍。又因编织时先有纵向的经线，且经线在编织中最基本也最重要，所以又引申为经典。章太炎在《国故论衡·文学总略》中说：

> 经者，编丝缀属之称。

他又在《章氏国学讲习会讲演记录》第二章《经学略说》中说：

> 今人书册用纸，贯之以线。古代无纸，以青丝绳贯竹简为之。用绳贯穿，故谓之经。经者，今所谓线装书矣。

按章太炎的说法，"经"就是一种用线编联起来的线装书。我国早期的书是竹简，编缀竹简而成的是竹简书。穿竹简的线就是"经"，用线穿起来的竹简书也是"经"，所以最初凡书皆可称"经"，"经"并非专指经典或儒家典籍，而是各家书之统称。但自孔子治六经之后，"经"就被用来专指儒家经典，之后又有为解经而作的"传""笺""注""疏"等。

古人似以竹简的长短来表示"经""传"之尊卑有别。东汉郑玄说，"经"的竹简长二尺四寸（《仪礼·聘礼》唐贾公彦《正义》引郑玄《论语序》）。章太炎因而认为"经"是一种大型典籍。1959年甘肃武威汉墓出土的竹木简印证了这个说法，"经"的竹简确实比较大。

2. 经学特指研究儒家经典的学问

对经典的研究就是经学，经学就是研究经典义理的学问。但就其原始意义说，经学是具有文献学特征的。因为经原是线，经书就是用线穿起来的书，也就是线装书，只不过穿的是竹简，原本并无什么深意。但当这些文献被奉为经典之后，就带上了许多人为的神秘色彩，被神秘化甚至宗教化了。

　　在古代,所谓经典通常特指儒家经典。儒家的三纲五常六艺,被称为"天地之常经"。把儒家的书说成"经",始见于《庄子·天运》:"孔子谓老聃曰:'丘治《诗》《书》《礼》《乐》《易》《春秋》六经,自以为久矣。'"如果此说可信,那么孔子之前就已经有"经"的名称了。

　　儒家最早的经典,据说都是经过孔子整理的,是孔子教学生的教材。

　　中国古代的学术研究以经学研究为主,因而具有尊经的特点。汉代以后的知识分子,大多就把毕生精力放在了经学的研究上。

3. 孔子与六经

　　钱穆在《国学概论》中说:

　　　　中国学术具最大权威者凡二:一曰孔子,一曰六经。孔子者,中国学术史上人格最高之标准,而六经则中国学术史上著述最高之标准也。自孔子以来二千四百年,学者言孔子必及六经,治六经者亦必及孔子。

1989 年孔子诞生 2540 周年小型张纪念邮票

　　《庄子·天运》记载了一段孔子对老子自言治六经的话:

第一章　经部概说

丘治《诗》《书》《礼》《乐》《易》《春秋》六经,自以为久矣。

说明孔子对六经很有研究,而且时间不短。

皮锡瑞在《经学历史》中说:

经学开辟时代,断自孔子删定六经为始。孔子以前,不得有经;犹之李耳既出,始著五千之言;释迦未生,不传七佛之论也。

孔子出而有经之名。……始以《诗》《书》《礼》《乐》《易》《春秋》为六经。

皮锡瑞甚至认定六经都是由孔子删定的,孔子删定六经之后才开辟了一个新的经学时代,"经"之名就是伴随着孔子而来的。

由以上说法可见孔子和六经关系之密切。

(1) 孔子与《易经》

《论语》中有两处说到孔子和《易》的关系:

子曰:"加我数年,五十以学《易》,可以无大过矣。"(《述而》)

子曰:"南人有言曰:'人而无恒,不可以作巫医。'善夫!""不恒其德,或承之羞。"子曰:"不占而已矣。"(《子路》)

第一则是说学《易》可以提高个人修养,但因为《易》难以通晓，所以孔子希望能延长一点寿命，到五十岁时再来学，这样就可以使自己没有大的过错。"无大过"是就个人修养而言的。第二则引《易》之爻辞说明做事要有恒心。孔子以称赞南方人所说"人如果没有恒心，就不能去做巫师和医士"的话，引出《易·恒卦》九三爻辞："一个人如果不能保持他的德行，就有可能招致羞辱。"孔子认为这样的爻辞已经说得很明白了，不需要再去占卜。巫师和医士在儒家眼中是贱役，但即使是贱役，也需要恒心，否则是干不成的。孔子学《易》解《易》的着眼点全在指导实际行为。

以前认为《易传》为孔子所作，《史记·孔子世家》说：

> 孔子晚而喜《易》，序《彖（tuàn）》《系》《象》《说卦》《文言》。读《易》，韦编三绝。曰："假我数年，若是，我于《易》则彬彬矣。"

由此可见孔子对《易》之喜爱程度。孔子晚年悉心学《易》，因《易》之难懂而反复阅读研习，以致编联竹简的皮带都磨断了好几次。他说，如果能让我多活几年，我就能对《易》的文字和内容全都理解了。司马迁还说到了《易》之《象》《系》等，以为是孔子所写。这种说法后来已被否定，"《易传》必非孔子所作"（崔述《洙泗考信录》）。但《文言》和《系辞》中有三十个"子曰"，或许还不能完全排除《易传》中留有孔子门徒所录其若干遗言的可能。

（2）孔子与《尚书》

《论语》中有三处说到孔子和《尚书》的关系：

或谓孔子曰："子奚不为政?"子曰："《书》云:'孝乎惟孝,友于兄弟,施于有政。'是亦为政,奚其为为政?"(《为政》)

　　子张曰:"《书》云'高宗谅阴(守丧所居之屋),三年不言',何谓也?"子曰:"何必高宗,古之人皆然。君薨,百官总己以听于冢宰(相)三年。"(《宪问》)

　　子所雅言,《诗》、《书》、执礼,皆雅言也。(《述而》)

　　第一则强调孝之重要,引《尚书》为论据,说明推崇孝可产生为政的效果,孝也是为政。这就是后来所说"修身齐家治国平天下"的意思。第二则可以看作孔子以《尚书》为教育内容的一个例证。师生间谈论关于守丧三年的问题。学生子张问孔子,《尚书》所说的"殷高宗(商王武丁)守丧期间三年不说话"是什么意思?孔子回答说,古人都是这样的,不只是殷高宗。凡帝王去世,继位者守丧三年而不问政治。在此期间,百官都应做好自己的本职工作而听命于相。对此三年孝期,宰予以为时间太久,曾遭到孔子的批评。(见《论语·阳货》)第三则更是明确地把《尚书》列为孔子的教学内容之一,而且强调在教学活动中用通行的官话交流。

　　除了以《尚书》为教学内容外,孔子还对《尚书》有过整理,这是古今学者比较一致的看法。司马迁在《史记·孔子世家》中说:

　　(孔子)追迹三代之礼,序《书传》,上纪唐虞之际,下至秦缪,编次其事。……故《书传》《礼记》自孔氏。

　　班固的《汉书·艺文志》也说:

《书》之所起远矣,至孔子纂焉,上断于尧,下讫于秦,凡百篇,而为之序,言其作意。

太史公以《尚书》为孔子所作;班固以刘向父子《七略》为根据,认为《尚书》至孔子始编纂而成;今人匡亚明在《孔子评传》中更是肯定"孔子编定过《尚书》,甚至阐述过《尚书》"。孔子对《尚书》有整理编订之功,应该是可以肯定的。

(3)孔子与《诗经》

《论语》中孔子对《诗》的称引或论述多达十八处,是六经中最多的。例如:

> 子曰:"《诗》三百,一言以蔽之,曰'思无邪'。"(《为政》)
>
> 子曰:"《关雎》乐而不淫,哀而不伤。"(《八佾》)
>
> 子曰:"小子何莫学夫《诗》?《诗》,可以兴,可以观,可以群,可以怨。迩之事父,远之事君,多识于鸟兽草木之名。"(《阳货》)
>
> 子曰:"诵《诗》三百,授之以政不达,使于四方不能专对。虽多,亦奚以为?"(《子路》)

上引四则的第一则是孔子对《诗经》的总体评价:思想纯正没有邪念。这应该也是孔子衡量文艺作品的一个标准。第二则是对《诗经》第一首诗《关雎》的具体评价:情感表达委婉含蓄,快乐而不放纵,哀怨而不伤感。这是孔子评价文艺作品的标准,也是他对人的道德修养的一个基本要求。第三则论述了孔子的诗教观点，突出了《诗经》的四大功能："兴"是情感的感染功能，"观"是对社会和自然的认知功能，"群"是思想情感的沟通功能，"怨"是对社会不良现象的讽刺功能。至于事父事君，则是学《诗经》的根本目的。第四则从反面强调《诗经》的学以致用问题：对内应能通达于政事；对外应能出使四方，应对诸侯。

孔子对《诗经》是否也有整理和重新编订之功？司马迁在《孔子世家》中说：

> 古者《诗》三千余篇，及至孔子，去其重，取其可施于礼仪，……三百五篇孔子皆弦歌之，以求合《韶》《武》《雅》《颂》之音。礼乐自此可得而述，以备王道，成六艺。

司马迁的这个说法对后代影响很大。孔子有没有删过《诗》？多年来一直有争议。"删诗"说在先秦古籍找不到旁证，也未见于两汉除《史记》以外的其他文献。此说恐难成立。三千首删剩三百，何以所删如此之多，而在先秦古籍中所见的逸诗又非常之少？这不合情理。"三千"可能是一个虚数，似乎是太史公惯用的一个言其多的虚数。他说孔子有弟子三千，写战国四公子，也都说是"门客三千"。其实未必真有那么多弟子或门客。"三千"或许就是几百，这才可以与逸诗之少一致起来。太史公其实也没有明说"删诗"，只是说"去其重"，即去除重复的，重复的诗竟然多到十分之九也是难以想象的。

总之，孔子和《诗经》的关系很密切，他对三百篇很推崇，曾庭教孔鲤学《诗》，或许也编过一个《诗》的本子来传授弟子，在编订的过程中可能也删过一些重复的诗，但应该不会删得很多。

（4）孔子与"三礼"

儒原是以相礼为业的，所以儒家对礼比较熟悉，也最重视。孔子很尊崇周礼，也很重视礼教。《论语》中所记孔子及其弟子言礼达七十四次之多。如：

> 不学礼，无以立。（《季氏》）
>
> 尔爱其羊，我爱其礼。（《八佾》）
>
> 非礼勿视，非礼勿听，非礼勿言，非礼勿动。（《颜渊》）

在孔子的教学中，既有礼仪的实践活动，如"六艺"（礼、乐、射、御、书、数）之"礼"，又有礼之典籍制度的研习，如六经之《礼》。孔子生活的春秋时代，人们常以是否"合礼"作为判断是非、衡量得失的标准，而当时又正值"礼崩乐坏"时，礼制和礼的典籍严重散失。《汉书·艺文志》说："《礼》自孔子时而不具，至秦大坏。"夫子也曾有文献不足之叹。因此孔子于教习礼仪的同时，整理编订礼书应该是完全可能的事。《史记·儒林列传》说：

> 孔子闵（悯）王路废而邪道兴，于是论次《诗》《书》，修起《礼》《乐》。

在儒家经典"三礼"中，除了《周礼》的整理修订与孔子关系不

第一章 经部概说

大明显外,《仪礼》和《礼记》都有孔子或其门生整理的说法和根据。

《仪礼》的著者历来异说纷纭。一说出自孔子。《仪礼》中有孔子整理编订的部分,如《士丧礼》和《既夕礼》等,也有其弟子与后学的撰作。

《礼记》与孔子的关系更为密切。其中有许多以孔子及其弟子的言行为主要内容的篇目,与《论语》很相似,出自孔门弟子或再传弟子的可能性很大。《汉书·艺文志·六艺略》礼类载"《记》百三十一篇",班固自注:"七十子后学者所记也。"班固认为《礼记》的大多数篇章为孔子弟子及其后学所作。唐徐坚《初学记·文部·经典第一》也说:

> 《礼记》者,本孔子门徒共撰所闻也,后通儒各有损益。

此说符合《礼记》的实际,因为《礼记》中与孔子相关的"子曰"有一百零四条,"孔子曰"有七十七条,"仲尼曰"有五条,就这近二百条的孔子引语看,"孔子门徒共撰所闻"说应该没有疑义。

（5）孔子与《乐经》

据史书的有关记载,我们推测孔子是一位音乐家和歌唱家,在乐理上应该很有造诣。他在齐国欣赏了《韶》乐之后,竟然"三月不知肉味"（《论语·述而》）,他对音乐的痴迷远远胜过了食欲。还有记载说孔子"是日哭,则不歌",参加丧事的那一天孔子就不唱歌。这印证了他经常唱歌,音色大概也不错。他还向当时的音

乐大师师襄和师旷学习过。另外,孔子对乐曲也有评论和整理:

> 子谓《韶》,"尽美矣,又尽善也";谓《武》,"尽美矣,未尽善也"。(《八佾》)
>
> 子曰:"吾自卫反鲁,然后乐正,《雅》《颂》各得其所。"(《子罕》)

第一则是孔子对乐曲的评论。《韶》乐相传是舜时歌颂世道升平的乐曲,《武》是周初歌颂武王灭纣的乐曲,孔子在对两种乐曲的不同评价中,体现了他的政治态度。就乐曲而言,两种乐曲都"尽美矣",而就取得天下的方式说,舜的禅让"尽善也",武王以武力则"未尽善也"。第二则写孔子对乐的整理。乐历来与诗合,一直是一体的,孔子的教学应该是诗乐并重,在诗的讲解中有乐的演奏实践。

《论语》中说到乐的文字有四十多处。从中可以看出,孔子不但精通乐理,还特别强调乐的教化作用:"乐云乐云,钟鼓云乎哉?"(《阳货》)孔子认为,乐不只是钟鼓之音,还有教化民众的规范作用。据此推理,孔子对《乐经》也应该有所贡献,只是《乐经》已于西汉时佚失,现在无法考实了。

(6) 孔子与《春秋》

《春秋》与孔子关系最为密切。自战国至秦汉间学者,大多认为《春秋》是孔子所作所传,其中以孟子和司马迁为代表。

第一章 经部概说

《孟子·滕文公下》："世衰道微，邪说暴行有作，臣弑其君者有之，子弑其父者有之。孔子惧，作《春秋》。《春秋》，天子之事也。是故孔子曰：'知我者，其惟《春秋》乎！罪我者，其惟《春秋》乎！'""孔子成《春秋》而乱臣贼子惧。"

《史记·孔子世家》："子曰：'弗乎弗乎，君子病没世而名不称焉。吾道不行矣，吾何以自见于后世哉？'乃因史记作《春秋》，上至隐公，下讫哀公十四年，十二公。据鲁，亲周，故殷，运之三代。约其文辞而指博。故吴楚之君自称王，而《春秋》贬之曰'子'；践土之会实召周天子，而《春秋》讳之曰'天子狩于河阳'：推此类以绳当世。贬损之义，后有王者举而开之。《春秋》之义行，则天下乱臣贼子惧焉。"

《史记·十二诸侯年表》："孔子西观周室，论史记旧闻，兴于鲁而次《春秋》。"

孟子非常明确地说，孔子因"世衰道微"而"作《春秋》"。司马迁也很肯定地说，孔子因"吾道不行"而"因史记作《春秋》"，利用鲁国现有的文献史料写成《春秋》。"据鲁，亲周，故殷，运之三代"是说《春秋》这部书记事以鲁国为主，用鲁国国君的世系纪年；但尊奉周王室为正统，周虽衰，仍以周为天下之宗主；而以殷商为借鉴，运用于夏、商、周三代的史事之中。对《春秋》的著作权，孟子和司马迁都说得很肯定。

这个说法历代学者多有质疑，不完全认可。现在一般认为，《春秋》是鲁国历代史官的集体著作，孔子修改过，借以表达"微言大义"，但不是孔子的著作。

司马迁在《孔子世家》最后的赞语中说：

> 孔子布衣，传十余世，学者宗之。自天子王侯，中国言六艺者折中于夫子，可谓至圣矣！

4. 从六经到十三经

儒家的经书，如《庄子·天下》所说，最初只有六经，当时也叫"六艺"。秦火之后《乐经》亡佚，就只剩五经了，以后又逐渐增至十三经，又有增至二十一经、二十四经的。

经的排列次序，古文经学和今文经学并不相同。今文经学列《诗》于首位，古文经学则以《易》为首位。今按古文经学即《十三经注疏》本的顺序简说如下：

六经——《易》《书》《诗》《礼》《乐》《春秋》（《乐》已佚，今仅余《乐记》一篇）

五经——《易》《书》《诗》《礼》《春秋》（此十三经之中坚）

七经——七经之名始见《后汉书·赵典传》注："典，学孔子七经。"但具体所指却有三种说法：

① 六经加《论语》

② 五经加《论语》《孝经》

③ 五经加《周礼》《仪礼》

九经——唐时以九经试士，遂有九经之名。但也有两种说法：

①《易》《书》《诗》《周礼》《仪礼》《礼记》《左传》《公羊传》《穀梁传》

②《易》《书》《诗》《春秋》《周礼》《仪礼》《礼记》《论语》

《孝经》

　　十经——见于《宋书·百官志》，为《易》《书》《诗》《周礼》《仪礼》《礼记》《左传》《公羊传》《穀梁传》再加《论语》与《孝经》的合经

　　十二经——唐时刻"十二经立石国学"，为九经加《论语》《孝经》《尔雅》

　　十三经——宋时理学派为提高孟子的地位而有十三经，为十二经加《孟子》

　　至此，儒家十三经就在南宋时形成了，以后没有再变化，但经的数目还在不断增加。如：

　　十四经——十三经加《大戴礼记》

　　二十一经——十四经加《国语》《史记》《汉书》《资治通鉴》《说文解字》《周髀算经》《九章算术》

　　二十四经——十三经加《庄子》《楚辞》《文选》《史记》《汉书》《资治通鉴》《通典》《文献通考》《说文解字》，加杜诗、韩文（这新增的十一经称"亚经"）

　　唐代科举试士时专考九经，而九经的长短差异很大，于是经又有大中小之分：

　　大经——《礼记》《左传》

　　中经——《诗》《周礼》《仪礼》

　　小经——《易》《书》《公羊传》《穀梁传》

　　初学必读，未列入试科者——《孝经》《论语》《尔雅》（那时《孟子》还不是经）

　　《宋元学案》卷四引《读书说》对各经字数有统计，现引录

如下：

《毛诗》39224 字，《尚书》25700 字，《周礼》45806 字，《礼记》99020 字，《周易》24207 字，《论语》12700 字，《孟子》34685 字，《孝经》1903 字，《春秋左氏传》196845 字。

以上九经合计 480090 字。

二、十三经简说

十三经最完备的通行本是清阮元所刻《十三经注疏》本。

十三经的篇幅相差很大。篇幅最长的是《春秋左氏传》，近二十万字；其次是《礼记》，近十万字；最短的是《孝经》，不足两千字。

《十三经注疏》书影

以下简说。

1.《易经》

《易经》简称《易》，也叫《周易》，是我国最早的一部古书。原是一部卜筮用书，汉时尊为儒家经典而称《易经》，为六经之首。

此书的完成据传与三位圣人伏羲、文王、孔子有关：伏羲画卦，文王作重卦，孔子作《易传》。《汉书·艺文志》说"人更三圣，世历三古"，前后跨越的时间很长，经历了上古、中古和近古三个时代。伏羲生活在传说中的史前时代，年代无法考实；文王生活在公元前十一世纪；孔子生活在公元前六世纪至公元前五世纪，与文王相距五六百年,与伏羲则相距千年以上。可见,这一部古代最早的经书非一人一时之作,而是逐渐形成的。

《周易》帛书

    按《周礼·春官·太卜》的说法,《易》有三种:夏之《连山》,商之《归藏》,周之《周易》。现在所传的只有《周易》,夏商之《易》早已佚失,但1993年,荆州地区博物馆在湖北江陵王家台发掘了十五座秦墓,十五号秦墓中出土了八百余枚竹简,其中有《易占》五十余卦,据学者研究,此即商之《归藏》。

（1）《易经》为什么也叫《周易》

①“易”是什么意思

“易”的意思从字形结构上说,主要有蜥蜴说和日月说两种。蜥蜴说认为“易”字象蜥蜴之形,上面是头,下面是身体和足。蜥蜴善变色,所以用来比喻《易》的阴阳之变。日月说以为“易”字从上日下月,以日月的更替变化和昼夜代序,象阴阳刚柔之形。但这些说法都缺乏证据。

从意义上说,“易”有三义。汉代郑玄在《六艺论·易论》中说:“易一名而含三义:易简,一也;变易,二也;不易,三也。”这三义就是《易经》的精神。

所谓“易简”即“简易”,是说宇宙间万事万物的运行都有自己的规律,都是开始、发展、终结三相的转移,因此只要掌握了这个规律,就能掌握万事万物,就能以简驭繁。“简易义”揭示了事物的发展变化都是有规律可循的。

所谓"变易",是说宇宙间的万事万物都不是静止的,它们无时无刻不处在变化和流动之中。"变易义"揭示了事物所具有的绝对的运动性。

所谓"不易",是说宇宙间的万事万物虽无时无刻不在变化流动之中,但这种变化和流动却又只是在一定范围里的循环往复,比如一年四季的周而复始,所以从规律上说,这万事万物似乎又是不变的。"不易义"揭示了事物所具有的相对的稳定性。

这就是《易经》之所以取名为"易"的三个基本意思。三"易"之中,"变易"也就是事物的绝对运动性是最核心的,这是《易经》思想建立的基础。

归纳起来看,《周易》是一部以卦爻的变化来探究宇宙间万事万物变而不变的古书。它既是上古的一部卜筮书,也是一部富有哲理的哲学书。

②"周"是什么意思

"周"之义历来有两说:周普和周朝。

东汉人郑玄在《易论》中分释夏、商、周三《易》时说:"《连山》者,象山之出云,连连不断;《归藏》者,万物莫不归藏于其中;《周易》者,言易道周普,无所不备。"

唐人陆德明在《经典释文》中进一步解释说:"周,代名也。周,至也,遍也,备也。今名书,义取周普。"

郑玄和陆德明都认为"周"就是"周普",也就是普遍、完备的意思。

唐代的经学大师孔颖达却不同意郑玄和陆德明的说法,认为他们的说法没有文献依据。他在《周易正义》的序文中,依《世谱》

等文献材料,把"周"解为"周朝",认为神农也叫连山氏,黄帝又叫归藏氏,既然连山和归藏都是表示年代的,那么《周易》称"周",应该是表示周朝。此说对后世影响甚大,今人多有以《周易》为周朝占筮书的。

唐代经学家贾公彦在《周礼·太卜》的疏文中不同意孔颖达的说法,他认为:夏之《连山》以艮卦为首卦,艮为山,所以叫"连山";商之《归藏》以坤卦为首卦,坤为地,地为万物归藏之所,所以叫"归藏"。贾公彦认为两者所言都与年代无关,所以"周"也不是指周朝。《周易》的首卦是乾卦,乾为天,天能周匝于四时,所以取名《周易》。

"周匝"就是"周普"的意思,"周"以取义"周普"为好。这是因为《周易》不仅是上古的一部卜筮书,同时也是一部哲学书,它以卦爻的变化来探究宇宙间万事万物变而不变的道理,非常富有哲理,是能够普遍适用的。

但也不妨两说兼采,把《周易》理解为:一部周朝的筮占之书,书中蕴含着普遍的变化原理。

(2)《易经》说了些什么

从结构、内容上说,《易经》包含"经"和"传"两个部分。"经"的主体部分是卦辞和爻辞,"传"就是解释卦爻辞的《十翼》。读《易经》主要是读通这些卦爻辞,理解其中所蕴含的哲理和人文思想,从中体会为人处世之道。孔子所说"五十以学《易》,可以无大过矣",大概也是指《易经》所具有的对人生的教育和指导意义。当然,也有人拿《易经》的象数来预测人生的吉凶祸福和前途等,这容易走上迷信的道路。

①《易经》的"经"——卦爻和卦爻辞

《易经》从内容上说是一部卜筮书,它有两个最基本的符号:阴(‐‐)和阳(—),称阴爻和阳爻。阴爻和阳爻有八种三叠排列组合的方式,称为八卦:

乾☰(三阳)　　坤☷(三阴)

震☳(阳阴阴)　巽☴(阴阳阳)

坎☵(阴阳阴)　离☲(阳阴阳)

艮☶(阴阴阳)　兑☱(阳阳阴)

八卦都是三画的卦爻,代表了自然界八种最基本的物象以及其他一些事物:

乾卦代表天,也代表父亲、西北等

坤卦代表地,也代表母亲、西南等

震卦代表雷,也代表长子、正东等

巽卦代表风,也代表长女、东南等

坎卦代表水,也代表中男、正北等

离卦代表火,也代表中女、正南等

艮卦代表山,也代表少男、东北等

兑卦代表泽,也代表少女、正西等

这八种物象是八卦最原始的含义,由此引申,每卦的含义可演

第一章　经部概说

变得非常复杂。上述八卦所代表的方位,为《后天八卦方位图》所载,与《先天八卦方位图》不同。《先天八卦方位图》的八卦方位为:乾(正南)、坤(正北)、震(东北)、巽(西南)、坎(正西)、离(正东)、艮(西北)、兑(东南)。《先天八卦方位图》据说创自伏羲,又称《伏羲八卦方位》;《后天八卦方位图》说是文王所创,又称《文王八卦方位》,汉学家则称之为《帝出乎震图》。《周易》所用为《后天八卦方位图》,但"后天实由先天禅代而来,不能相离"(《周易尚氏学》)。

此外,八卦之取象又是两两相对的,一正一反,相反相成,形成四对:

乾坤——天与地、父亲与母亲等

震巽——雷与风、长子与长女等

坎离——水与火、中男与中女等

艮兑——山与泽、少男与少女等

从卦意看,八卦或可视为一个大家庭,乾坤为父母,其余皆为子女,契合《周易》生命哲学的精神。《周易》全部符号系统的基础阴阳爻,就是夫妻的象征。

八卦再互相交错重叠就成了六十四卦。六十四卦的含义比八卦丰富多了,可以代表更多的自然现象和社会事物。由于六十四卦是由八卦延伸出来的,所以称八卦为"经卦",六十四卦为"别卦"。六十四别卦每卦六爻,按从下往上的次序分别称作:

初爻、二爻、三爻、四爻、五爻和上爻。

再按阳爻称九、阴爻称六的规定,每一爻的阴阳都有专门的名称。如初爻为阳爻就叫初九,为阴爻就叫初六;二爻为阳叫九二,为阴叫六二。依此类推,上爻为阳叫上九,为阴叫上六。兹以乾、坤、屯三卦为例图示如下:

乾卦(第一卦)		坤卦(第二卦)		屯卦(第三卦)	
乾上 ━ 上九		坤上 ╍ 上六		坎上 ╍ 上六	
━ 九五		╍ 六五		━ 九五	
━ 九四		╍ 六四		╍ 六四	
乾下 ━ 九三		坤下 ╍ 六三		震下 ╍ 六三	
━ 九二		╍ 六二		╍ 六二	
━ 初九		╍ 初六		━ 初九	

由阴阳符号构成的卦画,称为卦,如上面图示的乾、坤、屯三卦。每一条阴阳符号,称为爻。爻者,交也,谓物因相交而变,以效天地之动。每一卦都由六爻构成,一般称下面三爻为下卦或内卦,上面三爻为上卦或外卦。每一卦都有卦辞,每一爻也都有爻辞。以下以乾卦的卦爻辞为例说明。

乾:元,亨,利,贞。

译意:开辟元始,亨通,有利和谐,坚固贞正。

(这是乾卦的卦辞。乾是象征天的,此言乾即天之四德:以阳气而始生万物,使亨通,使物性和谐各有其利,使物坚固贞正而得其终。以下为爻辞。)

初九:潜龙勿用。

译意:龙潜藏于水下,不宜有所作为。

(这是初九的爻辞。此下卦之始,谓阳气潜藏。此时应修养德行,蓄积才学,不急于表现,韬光养晦以待时。)

九二:见龙在田,利见大人。

译意:龙出现在田间,利于见有德之圣贤或君子。

(这是九二的爻辞。此下卦之中,其时龙已初具力量,可以崭露头角,伺机发展。)

九三:君子终日乾乾,夕惕若,厉无咎。

译意:君子在白天一整天都要警惕慎行,兢兢业业,自强不息;夜里依然要抱着戒惧警惕的心理,不能放松。如此,即使身处危难的境地,也可免遭祸害。

(这是九三的爻辞。此下卦之上,但未升至上卦,属于危地,是一个比较难处的地位。此时要求君子时时警惕慎行,以自强自救。)

九四:或跃在渊,无咎。

译意:或腾跃上进,或退处在渊,都没有祸患。

(这是九四的爻辞。此上卦之下,由下卦刚升至上卦,却处在下位,依然可看作危地,处于进退之际,可进可退,但因紧邻"九五"之中位,所以虽时有压迫感,却也有提携和帮助,进退都将不会有很大问题,但还须随机而动,可进则进,当退则退。)

九五:飞龙在天,利见大人。

译意:龙腾飞在天,利于见有德之圣贤或君子。

(这是九五的爻辞。此上卦之中,其时龙已达到最完美的境界,飞上太空,居高临下,得以充分施展才能与抱负。这是人生最美好的时刻。)

上九:亢龙有悔。

译意:龙飞得太高了,容易遭受灾祸。

(这是上九的爻辞。此上卦之上,龙已飞至巅峰极限,物极必反,时时潜伏着盛极而衰的危机,若不及时收敛,祸患恐无法避免。此所谓"满招损"之意。)

用九:见群龙无首,吉。

译意:看到一群龙腾飞在天,这些龙都不以首领自居,很吉祥。

(这是变卦的爻辞。言群龙都谦逊退让,不以首领身份自居尊位,有所谓"谦受益"之意,所以吉祥。)

这就是乾卦的卦辞和爻辞。爻辞以"潜龙—见龙—渊龙—飞龙—亢龙"的演变过程比喻人生的变化和转化,蕴含着深刻的哲理,旨在告诫人们时时处处都应居安思危。

《周易》六十四卦有六十四条卦辞,阐说卦象的总义;每卦六爻,有三百八十四条爻辞;乾卦和坤卦则以全阳和全阴又各有一条变卦之爻辞。这样共有三百八十六条爻辞以诠释爻象的含义。这些就是《周易》的"经"。

②《易经》的传——《十翼》

《十翼》是《易经》的"传",称《易传》,也叫《周易大传》,共七种十篇。之所以又称《十翼》,是因为这十篇传文是用来解释和发挥经文含义的,犹如"经"之羽翼,在《易经》中也是不可或缺的。

《易传》之七种为:《彖传》《象传》《系辞传》《文言传》《说卦传》《序卦传》和《杂卦传》。前三种又各分上下,所以共有十篇。

《彖传》上下两篇是解释卦辞的,《象传》上下两篇是解释爻辞的,每一段卦辞和爻辞都可以《彖传》和《象传》的解释去理解,《文言传》则专门解释乾、坤两卦。以上三种五篇,在一般的《易经》本子中,都附在相关的经文之后。

《系辞传》上下两篇是《易经》的通论,阐述了《易经》之产生和所蕴含的哲理,对其中的一些基本概念,如太极、两仪、四象、道、器、神以及八卦的产生和内在关系都有阐释,是《十翼》中最重要的一篇;《说卦传》主要解释《易经》中的隐语,说明卦爻的道理,解释八卦所象征的事物;《序卦传》解释的是卦序,说明六十四卦的排列顺序和以乾坤二卦居于首位的原因,以及各卦之间的因果联系等;《杂卦传》则以相反相成的观点,分六十四卦为三十二对,不按顺序地错杂解释其间的卦义和相互关系等有关问题。以上四种五篇都独立成篇,列于所有的经文之后。

这七种十篇传文对经的阐述,丰富了经文的思想,使经文的卦爻辞哲理化,对后代影响深广,其中尤以《彖传》和《系辞传》为最。

旧说以《易传》为孔子所作。《史记·孔子世家》:"孔子晚而喜《易》,序《彖》《系辞》《象》《说卦》《文言》。"今一般认为出自战

国学概说

国以后的众儒之手，非一人一时之作，而是陆续形成的。

2.《尚书》

《尚书》原来只叫《书》，秦汉时开始通称《尚书》，汉时因尊之为儒家经典而称《书经》，该名始见于《汉书》。于是一书而三名，通用至今。但汉儒对《尚书》书名的理解却多有不同。

（1）对《尚书》书名的两种解释

什么是《尚书》？古代学者有不同的解释。王充在《论衡·正说》中说：

> 《尚书》者，以为上古帝王之书；或以为上所为，下所书，授事相实而为名。

王充认为"尚"和"书"都可以有两种理解。其一，"尚"指上古，"书"指书籍，《尚书》就是"上古帝王之书"。唐陆德明《经典释文·序录》说："以其上古之书，谓之《尚书》。"取的就是这种说法。其二，"尚"指在上者，指帝王、统治者；"书"是记的意思，指在下者之所记，也就是史官的记录。统治者的所作所为，包括他所讲的话，史官都如实地记录下来。三国王肃就持这个观点："上所言，下为史所书，故曰《尚书》也。"统治者讲的话，史官把它记下来，就是《尚书》。此外还有把《尚书》比作"天书"的，东汉郑玄说："尚者，上也。尊而重之，若天书然，故曰《尚书》。"

在古代，"尚"和"上"可以通用，所以以"尚"为"上"，指帝王和统治者;"书"原是动词,书写记录的意思,后来引申泛指一切书写记录下来的文本书籍。至于"史"之"所书",在古代却是有明确分工的。《汉书·艺文志》说:

> 左史记言,右史记事,事为《春秋》,言为《尚书》。

统治者身边的史官分左史和右史,各有明确的分工。左史专记统治者之言,右史专记统治者之事,于是形成了儒家的两部经书:《春秋》和《尚书》。

《春秋》是记事的,记的是帝王的编年大事。《尚书》是记言的,记的是统治者的讲话,即"上所言"之"言",大部分是称为"誓"或"诰"的号令,是统治者向民众宣布的话。有人认为这就是"古代之公文"(屈万里《古籍导读》)。统治者的讲话也好,公文也好,都是历史,左史所记的就是上古的历史文献,《尚书》就是这些历史文献的汇编。从这个意义上说,《尚书》就是"上古之史书",是我国最早的一部史书。

(2) 关于《尚书》的今古文之说

《尚书》的流传与现存的本子,情况相当复杂,有《今文尚书》《古文尚书》和《伪古文尚书》三种。

现存的真本《尚书》是汉朝伏生(名胜)传下来的。伏生是秦博士。这个本子被他藏在屋子的夹壁里才得以躲过秦火流传下来。据传,经孔子删定的本子原有一百篇,伏生夹壁里的本子因竹简断烂,只剩二十八篇,后加上民间所献的一篇《泰誓》,合二十九篇。伏生即以此传授门徒。伏生的本子原是秦通行的篆体,他的学生以当时通行的隶书抄录传布,就被称为《今文尚书》。这是汉文帝时候的事。后来东汉经学大师曾为这二十九篇作过注,可惜现在差不多也都散失了。

汉景帝时,鲁恭王因扩建宫殿而拆除孔子旧宅,在夹壁中得古文经传数十篇,其中就有《尚书》,比通行本多了十六篇。这个本子后被称为《古文尚书》。《古文尚书》据说是由孔子后人孔安国整理的,一直藏在皇家图书馆,但不久也失传了。

鲁壁

三国末年,魏国的王肃伪造了一部《古文尚书》。他把原先伏生的二十八篇分割为三十三篇,又新增二十五篇,合五十八篇,同时附一篇《尚书序》,伪托孔安国所作。这就是《伪古文尚书》,史称“伪孔本”。晋武帝时曾立博士传授门徒,其间《伪古文尚书》曾因祸乱而散失,但失而复得,后来影响逐渐大了起来。直至清初考据大家阎若璩作《古文尚书疏证》后,才考证出这是一部伪书。

这就是《尚书》的流传和三个本子的大致情况。现在的通行本是今古文合编的,其中篇目有分有合,和原来的并不完全相符。

《尚书》所记史实,始自尧舜而终于秦穆公(前659—前621在位)。其中年代最早的《尧典》《舜典》和《禹贡》等几篇文章,近代学者已证明是先秦儒家所伪托的。

第一章 经部概说

（3）《尚书》的篇目与体式

《十三经注疏》本收唐孔颖达《尚书正义》，为《尚书》今古文的全部五十八篇经文，共二万七千一百三十四字。这五十八篇经文中，目前只有三十三篇被认可是从先秦传下来的，其余二十五篇都是后人伪造的；而这三十三篇又源自三国王肃《伪古文尚书》，系分割伏生二十八篇而成。这是《尚书》的篇目情况，上文已有所述。

《尚书》从内容上说由四个部分组成，分别为虞、夏、商、周四书。《古文尚书》为虞书五篇、夏书四篇、商书十七篇、周书三十二篇，《今文尚书》为虞书两篇、夏书两篇、商书五篇、周书十九篇。兹列伏生二十八篇《今文尚书》篇目如下：

> 虞书：尧典、皋陶（yáo）谟。
>
> 夏书：禹贡、甘誓。
>
> 商书：汤誓、盘庚、高宗肜（róng）日、西伯戡黎、微子。
>
> 周书：牧誓、洪范、金縢、大诰、康诰、酒诰、梓材、召诰、洛诰、多士、无逸、君奭、多方、立政、顾命、吕刑、文侯之命、费誓、秦誓。

王肃的《伪古文尚书》在《尧典》中分出一篇《舜典》，在《皋陶谟》中分出一篇《益稷》，在《顾命》中分出一篇《康王之诰》，又分《盘庚》为上、中、下三篇，于是二十八篇成了三十三篇。

关于《尚书》的体式，历来有两种分法。一种是孔颖达《尚书正义》的分类，分为十类："一曰典，二曰谟，三曰贡，四曰歌，五曰誓，六曰诰，七曰训，八曰命，九曰征，十曰范。"《今文尚书》没有

"歌""训""征"三类,都见于《伪古文尚书》,《夏书》有《五子之歌》和《胤征》,《商书》有《伊训》。孔颖达的这个分类概念不很清楚,所以现在一般多取刘知幾《史通》所引王肃的六分法:"盖《书》之所主,本于号令,所以宣王道之正义,发话言于臣下。故其所载,皆典、谟、训、诰、誓、命之文。"这样的分类不太科学,只是着眼内容,还不是严格意义的文体分类,不很全面;但作为传统的分类,也不妨有所了解。

就六分法而言,"典"是重要史实的记载,如关于尧和舜的记载;"谟"是谋划,记载臣对君的劝告或君臣的谋略;"训"是训导、训诫,记载臣下训诫开导君王的话;"诰"是告谕,为君王勉励臣民的文告和讲话;"誓"是誓言或动员令,多为军事行动前君王训诫的誓词;"命"就是命令,指君王的命令,包括嘉奖令。

《尚书》是我国最古老的一部文献,有学者以为六经之文字"莫古于《尚书》",而六经中所阐述之"大道",也"莫不具备于是"。如《尧典》一篇,已有"明德""新民"之总纲和"修身""齐家""治国""平天下"诸条目之大要;而《大禹谟》中"人心惟危,道心惟微;惟精惟一,允执厥中"四句话,"是开后世'知行'之端";《咸有一德》中"德无常师,主善为师;善无常主,协于克一"四句话,又"实示后世'博约'之义"。(说详顾荩臣《经史子集概要》)

3.《诗经》

《诗经》原称《诗》或《诗三百》,汉初被奉为儒家经典后始称《诗经》。

《诗经》原是一部乐歌。诗的源头是歌谣,所谓"饥者歌其食,劳者歌其事",后来有人把歌谣记录下来,就成了诗。《史记·孔子世家》说,"三百五篇,孔子皆弦歌之",可见这些诗原来都是能唱的。据《孔子世家》说,古《诗》原有三千余篇,孔子删定为三百零五篇。此说并不可信。《诗经》是许多人长期收集民谣,经整理后才形成的,孔子只是对《诗经》做过一些整理工作。

(1)《诗经》成于采诗制度

《诗经》是民间歌谣的汇集整理,来源于当时定期采诗的制度。当时的政府设有采诗官,每年都要去民间采集歌谣,然后陈诗于天子,使天子得以观民风,了解民情。《国语·周语上》写召公劝谏周厉王说:

> 故天子听政,使公卿至于列士献诗,瞽献曲,史献书,师箴,瞍赋,矇诵,百工谏,庶人传语,近臣尽规,亲戚补察,瞽史教诲,耆艾修之,而后王斟酌焉,是以事行而不悖。

所谓"献诗""献曲",说的就是这种以采诗助天子听政的习俗。所献的诗和曲,都是采自民间的讽谏歌谣和曲子,能反映民情民心;把它们献给天子,是让天子斟酌,决定取舍,作为施政的依据。只有这样,政令才能没有障碍地通行,才能不违背人情人理,符合民意。从公卿到列士的各级官员,都有这种献诗或献曲的要求与任务。

当时采诗的范围以黄河流域为中心,也有个别在江汉之间。从时间上说,这种采风习俗延续了五百多年,从西周初期一直到春秋中期。因此,《诗经》对了解当时社会的生活习俗、典章制度,乃至统治阶级间的争斗和各阶层的精神风貌等,都有相当高的史料价值。

　　（2）"三家诗"与《毛诗》

　　汉朝时传授《诗经》的有四家:鲁申培公的《鲁诗》,齐辕固生的《齐诗》,燕韩婴的《韩诗》,鲁毛亨的《毛诗》。《鲁诗》《齐诗》《韩诗》称"三家诗",今都已亡佚,仅存《韩诗外传》。现在所传的《诗经》是《毛诗》。鲁人毛亨(大毛公)为《诗经》作《诗诂训传》,传给赵人毛苌(小毛公),因此称为《毛诗》。

　　《诗经》也有今古文之别。"三家诗"为今文经,兴起于汉文景之际,被立于朝廷官学,设博士,在整个西汉期间都居于正统地位,研习的人很多。《毛诗》为古文经,西汉时只在民间流行,研习的人少。东汉章帝时始立于学官,后来郑众、贾逵、马融等先后为之作注,至郑玄作《毛诗笺》后,始广为流传盛行。自此,"三家诗"逐渐衰微以至亡佚,仅存《韩诗外传》。清人王先谦撰有《诗三家义集疏》,收集三家诗的佚文遗说较全,可资参读。

石经《毛诗》残本

　　《毛诗》相传出自孔子弟子子夏,至汉初由毛亨传给毛苌,至郑玄作《毛诗笺》后成为定本。我们现在所说的《诗经》,基本就是郑玄作笺的《毛诗》,所以《诗经》也叫《毛诗》。

《诗经》还有序文。全诗有一个总论性质的《大序》,托名子夏所作,说明诗的教化作用。"诗"与"志"音义皆通,《大序》说:"诗者,志之所之也。在心为志,发言为诗。"《尚书·尧典》也有类似的话:"诗言志。"《小序》则每首诗都有,可能是毛亨或毛苌所作。《大序》所说诗的教化作用,一般认为是建立在《诗》之六义上的。

(3)《诗》之六义

《诗》有六义:风、雅、颂、赋、比、兴。

风、雅、颂指体裁和内容,也是乐曲的类别。《诗经》三百零五篇,按体裁和内容分为风、雅、颂三部分。

"风"指风土之音,就是民间歌谣。也叫"国风",因为这些歌谣征集自各诸侯国,共有十五个诸侯国,所以又叫"十五国风"。"风"共收诗一百六十首。《诗·大序》释"风"为风化(感化)、讽刺,是从诗的教化作用上说的。

"雅"原指乐器,借指正乐。因为"雅"与"夏"通,"夏"的本义是"中国之人",即中原国家的文明人,所以借"雅"来表示中原文明之国的正乐、正声。雅有大小之分,合一百零五首。小雅为燕享的乐章,七十四首;大雅为朝会的乐章,三十一首。《诗·大序》释"雅"为正,也是从诗的教化作用上说的。

"颂"义为容,为郊庙颂歌,兼有舞蹈之意。分周颂、鲁颂和商颂,共四十首,多为祭祖或祭告神明的乐章。其中周颂三十一首,鲁颂四首,商颂五首。《诗·大序》以"颂"形容盛德,也含有诗的教化作用之意。

雅和颂不是民间歌谣,多出自贵族文人之手。

赋、比、兴指写作技巧和修辞手法。

"赋"原是唱诗,是一种叙述,所谓直叙其事。或直接叙事,或直接抒情,即《诗·大序》所说"直铺陈今之政教善恶",以直接叙写的手法,对当今政治教化之好坏发表评论。

"比"是比喻,以彼物比此物,用比喻的手法来叙事或抒情。如《魏风·硕鼠》以"硕鼠"比喻贪婪暴敛的当政官员。

"兴"则是先言他物以引说此物,以写景状物的方式引起联想,进而或叙事或抒情。如《周南·关雎》以雎鸟关关的和鸣起兴,引出君子对淑女的爱慕。

比和兴都不是直接陈说,而是运用比喻手法的曲折成义,如《诗·大序》所说是"主文而谲谏"。"主文"是不直说的修辞,"谲谏"是委婉的讽谏。可见,比和兴都是用比喻手法的委婉讽谏,但相对而言,兴用在开头,关系着全诗的主旨,较比更重要些。

其实,《诗》之六义不是同一类概念,"风、雅、颂"和"赋、比、兴"分属两个不同的范畴,通称"六义"并不科学。

4. "三礼"

"三礼"指《周礼》《仪礼》和《礼记》。这是三部关于礼的经典,反映了汉以前的制度、风俗和仪节等,也记录了儒家各派的一些思想和设想。东汉末年郑玄为《周礼》《仪礼》和《礼记》作注,自序中有"凡著三礼七十二篇"的话,自此这三部书开始合称"三礼",成了儒家阐述礼仪规范的经典。

许慎《说文解字》说:"礼,履也。"履的意思就是行。可见,礼所强调的原是一种实践的行为。

儒家很重视礼。孔子说:

> 导之以政,齐之以刑,民免而无耻;导之以德,齐之以礼,有耻且格。(《论语·为政》)

意思是说,政府对民众用行政命令来引导、用刑罚来整顿,和用道德来引导、用礼教来整顿的结果是完全不一样的。前者民众只是免于犯罪却不会有羞耻心,后者则不但对犯罪会有羞耻心,而且人心归服,会听政府的话,与政府亲和。儒家认为礼在国家管理方面是有很大作用的。

荀子还分析了礼的起源。他说:

> 人生而有欲,欲而不得,则不能无求;求而无度量分界,则不能不争;争则乱,乱则穷。先王恶其乱也,故制礼义以分之,以养人之欲,给人之求,使欲必不穷乎物,物必不屈于欲。两者相持而长,是礼之所起也。(《荀子·礼论》)

荀子认为人生来就有欲望,欲望如果得不到满足,就不会没有追求;追求如果没有一定的限度和界限,就不可能不争夺;一争夺社会就会乱,社会一混乱事情就不好办了。这就需要礼来制约。礼就是为了制约人们没有限度的欲望与追求而产生的,是为了把人们的欲望与追求调节在相应的限度之内,以避免因争夺而引起社会混乱,使人们的欲望不超过物质供应的限度,而物质的供应也不会无限度地去满足人们的欲望。人们的欲望和物质的供应在相互制约中有所增长,这就是礼产生的原因。

以下简说"三礼"。

(1)《周礼》

《周礼》位居"三礼"之首,约成书于战国时期,旧称《周官》,《汉书·艺文志》有"《周官经》六篇"。西汉刘歆始改名《周礼》。唐陆德明《经典释文·序录》:"王莽时,刘歆为国师,始建立《周官经》,以为《周礼》。"这是说《周官》是在王莽时才更名为《周礼》的。《周礼》是一部谈国家政治制度、行政组织和职官体制的书。全书按天、地、春、夏、秋、冬的顺序分为六篇:

> 天官冢宰(掌邦治)
>
> 地官司徒(掌邦教)
>
> 春官宗伯(掌邦礼)
>
> 夏官司马(掌邦政)
>
> 秋官司寇(掌邦刑)
>
> 冬官司空(掌邦事)(冬官今佚,以考工记补代)

这六篇分别介绍六大政务系统的职官编制,以及各自的职责等。以上六官各有属官六十,合"三百又六十",以象征周天之三

第一章 经部概说

国学概说

百六十度,所以旧称"周官"之意就是"周天之官",被认为有明显的"以人法天"思想。六官与后来尚书省的六部大致相当:

天官即吏部

地官即户部

春官即礼部

夏官即兵部

秋官即刑部

冬官即工部

《考工记》书影

如今对我们来说,《周礼》只是一份历史资料,但这份资料依然很宝贵,因为它能帮助我们了解先秦时期的政治体制和法制思想等。

（2）《仪礼》

《仪礼》原来就叫《礼》，汉时又称《士礼》，以其所记多为士之日常礼仪的缘故，相对于《礼记》时又称《礼经》。

《仪礼》是一部讲各种礼仪程序和行礼细节的书，是后人了解先秦人们的生活与社会风貌的重要史料。但此书只讲细节，不讲义理。全书共十七篇。

清邵懿辰《礼经通论》说：

> 礼，本非一时一世而成，积久服习，渐次修整，而后臻于大备。

这说明《仪礼》所记仪节，原是民间长期习用并逐渐完善定型后才被整理成书的。以前认为《仪礼》是周公或孔子所著的说法并不可信。此书在孔子的时候就已不全了，秦火后散失更多，现在所传的本子相传是鲁高堂生的《士礼》。

《汉书》和《后汉书》的《儒林传》都记载了这部书的传授关系：高堂生的《士礼》最后传到了后仓，"仓说《礼》数万言，号曰《后氏曲台记》"，再传梁人戴德、戴圣（戴德之侄）和沛人庆普，于是形成大戴、小戴和庆氏三家《仪礼》之学。后庆氏之学失传，刘向奉命整理图书，编《别录》，遂又有《仪礼》别录本。东汉时郑玄注本用的就是刘向的别录本。别录本和大、小戴本的篇次都有所不同。

从《仪礼》的内容看，大致贯穿了三条线索：

一条是从成人、成婚到社会交际，如士冠礼、士昏礼、士相见礼、燕礼和聘礼等，说明礼是针对成年人的，人成年之后才有了明确的礼的要求。从三个"士"字又可看出,当时的礼只是对贵族的要求。贵族是统治者,统治者才需要讲究礼。

一条是从生到死,揭示了人生的历程,如丧服、士丧礼、既夕礼等,共有七篇。生时有许多交际应酬和活动,死后在丧礼上也有不少讲究和礼节要求,而且篇幅占了七篇之多,可见古人对死的重视。

一条是从一般贵族到高级贵族,如士虞礼、特牲馈食礼、少牢馈食礼等。这主要体现在祭祖的礼仪上。人死后,因生前社会地位不同,他能享受到的子孙的祭祀也就有明显的差异。

《仪礼》所述的一些行礼细节十分烦琐,后人无法照搬,但其中所记的礼仪制度和礼仪内容,却对后代产生了十分深远的影响,不少礼仪形式都为后代所承袭,只是略有损益而已,其中有一些还一直延续到了现在。

(3)《礼记》

《礼记》不同于《周礼》和《仪礼》,原是附属于《仪礼》的一些"记"。"记"是相对于"经"而言的一种解释性文字,《礼记》原就是用来解释《礼经》即《仪礼》的,其内容便是一些从属于《仪礼》的资料和解释性文字,被认为是一部没有自己体例的不系统、不完整的儒学杂编。其目的原本只在阐说礼的作用和意义,但却比较全面地反映了我国古代的宗法制度和儒家的礼治思想。

《礼记》于汉末始独立成书,唐时被立为经,遂为人们所重视。与《周礼》《仪礼》相比,《礼记》更注重人的道德修养和行为规范,使礼由外在的仪节形式而深入人的内心,所以《礼记》在人们心目中的地位越来越高，影响也越来越大，远远超过了早于它的《周礼》和《仪礼》，被看作经典中的大经，长期受到重视，其地位和影响仅次于《论语》。

《礼记》也有大、小戴之分。《大戴礼记》为戴德所传，八十五篇，今存三十九篇；《小戴礼记》为戴德之侄戴圣所传，四十九篇。因郑玄为《小戴礼记》作注，《小戴礼记》遂为后世所传，我们现在所说的《礼记》指的就是《小戴礼记》。

《礼记》的内容很庞杂，大致可分为四类：

一类是解释阐发各种礼仪制度，如《冠义》《昏义》《乡饮酒义》《射义》《燕义》《聘义》等；

一类是补充《仪礼》未记载的各种礼仪制度、生活礼节和丧服丧事等，如《曲礼》《檀弓》《王制》《礼器》《内则》《丧服小记》《祭法》《奔丧》《问丧》《服问》《投壶》等；

一类是比较系统地阐述儒家礼意和学说，如《礼运》《学记》《乐记》《中庸》《大学》等；

还有一类是专记孔子言论，如《哀公问》《仲尼燕居》《孔子闲居》等。

"三礼"之中，《礼记》最值得一读，但也只需选读部分即可。梁启超说："《礼记》为青年不可不读之书，而又为万不可全读之书。"他认为第一等应精读的只有六篇：《大学》《中庸》《学记》《乐记》《礼运》和《王制》（参见《梁启超国学讲录二种·要籍解题及其读法》）。梁氏的意见是值得参考的。

"三礼"是我国最早的关于礼的经典，为我们提供了一幅幅古人生活和思考的生动情景,虽说离现在已很遥远,但我们现实生活中的许多礼仪习俗还和它们有着千丝万缕无法割断的联系。因此,只有对"三礼"所描述的先秦礼仪习俗,以及体现在这些礼仪习俗中的思想观念有所了解,才能更好地了解我们自己,更好地了解现在的中国人和我们这个民族。

5. "三传"

"三传"指三部解释《春秋》的著作:《春秋左氏传》《春秋公羊传》和《春秋穀梁传》。

"春秋"原是当时各国史书的通名,相当于现在的"历史",后来成了鲁国史书的专名。《墨子·明鬼》中有"周之春秋""燕之春秋""齐之春秋""宋之春秋"之说,杜预《春秋左传序》谓"春秋者,鲁史记之名也",这是因为其他各国的"春秋"后来似乎都没有传下来,所以通名成了专名。当时各国的史书,也各有不同的名称。《孟子·离娄下》:"晋之《乘(shèng)》,楚之《梼杌(táo wù)》,鲁之《春秋》,一也。"《乘》和《梼杌》就是晋国和楚国的史书,与《春秋》的性质相同。

史书何以命名为《春秋》?晋杜预《春秋左传序》说:

记事者,以事系日,以日系月,以月系时,以时系年,所以纪远近,别同异也。故史之所记,必表年以首事,年有四时,故错举以为所记之名也。

唐孔颖达《春秋左传疏》曰:

言春足以兼夏,言秋足以见冬。……虽举春秋二字,其实包冬夏四时之义。四时之内,一切万物生殖孕育,尽在其中。春秋之书,无物不包,无事不记,与四时义同,故谓此书为《春秋》。

既然是"错举以为所记之名","言春足以兼夏,言秋足以见冬",则何以不"错举"《冬夏》而用《春秋》"以为所记之名"呢？唐徐彦《春秋公羊传疏》的解释是:

《春秋》者,道春为生物之始,而秋为成物之终。故云始于春终于秋,故曰《春秋》。

现存的《春秋》记述了鲁国自隐公元年(前722)至哀公十六年(前479)历十二代国君共二百四十四年的历史,是我国现存第一部编年体史书,作者在语含褒贬的记叙中,寄托着自己的理想。

《春秋》虽说是鲁国的史书,按鲁国国君的世系纪年,但实际的记述范围却遍及当时整个中国,举凡有关政治、军事、经济、文化乃至物产、天象等都有记述,而且所记史实都有时间、地点和人物,对全面了解春秋时期的历史具有很高的史料价值。

关于《春秋》的著作权,历来都认为是孔子所修,孟子还说"孔子成《春秋》而乱臣贼子惧"(《孟子·滕文公下》)。实际

《春秋经传集解》书影

第一章　经部概说

上,这很难采信。现在一般认为这是鲁国史官的集体著作,孔子可能修改过,以表达他的"微言大义",但不是他的著作。

据《汉书·艺文志》所载,后世传《春秋》者五家:《左氏传》《公羊传》《穀梁传》《邹氏传》和《夹氏传》。但现在只剩前三家之传,后两家没有传授下来。

以下简说"三传"。

(1)《春秋左氏传》

《春秋左氏传》也叫《左氏春秋传》《左氏春秋》或《左氏传》,简称《左传》。作者一般按《史记》所说为左丘明,说他是鲁国史官。但也有人认为出自战国散文家之手。

《左传》依附于《春秋》编集。《春秋》文字过于简约,只有纲目,曾被讥为"断烂朝报",即像有缺漏的官府公告,而《左传》补述了大量史事。桓谭在《新论》中说:

> 左氏经之与传,犹衣之表里,相待而成。经而无传,使圣人闭目思之,十年不能知也。

可见,《左传》的补述在史事记载与叙述上对理解《春秋》有很大作用,使《春秋》过于简约的文字详赡起来,有了血和肉。

《左传》记事讫于哀公二十七年(前468),比《春秋》多十一年。一说《春秋》止于哀公十四年孔子获麟时,则《左传》记事比《春秋》多十三年。

《左传》为经古文传,长期未能立于学官,比不上早就立于学官的经今文《公羊传》和《穀梁传》，不受政府重视，只在民间流传；但《左传》却以其自身价值引起了学者的重视和研究。西晋杜预把《左传》和《春秋》合在一起作《春秋经传集解》，汇集了前人对《左传》的有关注释，以帮助阅读原书。此后《左传》的地位和影响就逐渐超过了《公羊传》和《穀梁传》。

研究先秦史或先秦文学，《左传》都是一部必读的重要典籍，因为它具有很高的史料价值和文学欣赏价值。自西汉以来，不断有人为之作注，但现在只有西晋杜预的《春秋经传集解》流传下来，其他都已亡佚。1977 年上海人民出版社以《春秋左传集解》的书名重新出版了杜预的这部书。

上海人民出版社 1977 年版封面

（2）《春秋公羊传》

《春秋公羊传》也叫《公羊春秋》，简称《公羊传》。一般认为作者是战国时齐人公羊高，是由孔子门人子夏把孔子的春秋学传给公羊高，再由其子孙继续传授至汉景帝时期的公羊寿和胡毋生才最后写定。

《公羊传》是西汉时最风行的春秋学，最早被立于学官，当时的地位和影响远高于《左传》。西汉著名学者董仲舒就是《公羊传》的传人，他在对答汉武帝的策问中，引《公羊传》而使武帝确立"罢黜百家，独尊儒术"的大政方针，影响了中国古代社会两千多年。汉代的公羊学大抵由董仲舒及其弟子传授下来。后来东汉何

第一章　经部概说

休又集两汉公羊学之大成作《春秋公羊传解诂》，唐人徐彦为之作疏。但唐以后《公羊传》就不太受重视了，研究者不多，读者也很少。

《公羊传》解经的宗旨在于阐发微言大义，每句一解，记事多用问答式，探求经文义理则特别注重正名分、别善恶，所以，研究《春秋》大义者，《公羊传》为必读之书。

（3）《春秋穀梁传》

《春秋穀梁传》简称《穀梁传》。一般认为作者是孔子的再传弟子鲁人穀梁俶（chù，一名赤），他也是子夏的弟子。但《四库全书总目》认为应是"传其学者所作"，也就是穀梁俶的后学所作，非穀梁俶亲作。至于后学是谁，因文献不足，难以稽考。成书时间稍晚于《公羊传》。汉宣帝时始立于学官，影响也比《公羊传》小。东晋范宁集诸家训释撰《春秋穀梁传集解》，唐杨士勋为之疏，作《春秋穀梁传注疏》。

《穀梁传》解经的宗旨和风格与《公羊传》大致相仿，也是旨在阐说经文的微言大义，运用的也是问答方式，但所说史实比《公羊传》简略，史学价值相对不高。

（4）"三传"之比较

"三传"中，《左传》最晚立于学官，大致在东汉光武帝建武年间（25—56），但却流传最广，影响最大。

"三传"在解释经文上的最主要区别是：

《左传》详于记史，重在叙述，为"记载之传"；《公》《穀》则重在咬嚼经文,阐说微言大义,为"训诂之传"。

《左传》有很高的史料价值,《公》《穀》的史料价值不高,尤其是《穀梁传》。

《左传》可以像文学作品一样鉴赏,《公》《穀》则缺乏文学性,只是单纯的经义。如隐公元年的"郑伯克段",《春秋》但书"夏五月,郑伯克段于鄢",只有九个字,《左传》却敷衍成一篇长文,五百余字,有声有色地叙述事情的起因、发展和结果,发掘了一段史事;《公》《穀》则只在字义上发掘,着重阐说了"克"的微言大义,以及称两兄弟为"郑伯"和"段"之春秋笔法的内涵等,于史事未着一字。

6.《论语》

《论语》是儒家的经典著作,书中记载的是孔子和他一些弟子的言行。此书给我们呈现了孔子的伟大人格,他在做人和做学问方面阐发的许多道理,至今仍有其积极意义,可以终身受用。

《论语》全书自《学而》至《尧曰》凡二十篇,每篇都有篇名,但篇名只是每篇首章开头二三字的截取,并无什么特殊的意义,与每篇的内容无关,篇章之间也没有关联。

(1)《论语》是什么意思

《论语》这部书是由孔子的弟子根据平时记录编集而成的,部分是再传弟子的补遗增订。但对"论语"的含义,却历来说法不一。

《汉书·艺文志》说:

孔子圣迹图

　　《论语》者,孔子应答弟子、时人及弟子相与言而接闻于夫子之语也。当时弟子各有所记,夫子既卒,门人相与辑而论纂,故谓之《论语》。

刘熙《释名·释典艺》说:

　　《论语》,记孔子与弟子所语之言也。论,伦也,有伦理也。语,叙也,叙己所欲说也。

邢昺《论语正义》说:

　　论者,伦也,纶也,轮也,理也,次也,撰也。以此书可以经纶世务,故曰纶也;圆转无穷,故曰轮也;蕴含万理,故曰理也;篇章有序,故曰次也;群贤集定,故曰撰也。

国学概说

袁枚《论语解四篇》说：

> 论，议论也。语，语人也。自《学而》起，以至卒章，皆与人议论之语，而非夫子之咄咄书空也。

章太炎《国故论衡·文字总略》说：

> 论者古但作仑。比竹成册，各就次第，是之谓仑。……《论语》为师弟问答，乃亦略记旧闻，散为各条，编次成帙，斯曰《仑语》。

还有其他一些说法。现在一般取《汉书·艺文志》的说法，认为《论语》是孔子门人一起编辑论纂的"孔子应答弟子、时人及弟子相与言而接闻于夫子之语"。

（2）《论语》的"论"怎么读

《论语》的"论"字，如今工具书几乎无一例外地注为阳平 lún，但有学者认为"'论'字当如字读"（黄怀信主撰《论语汇校集释》前言），即读为去声 lùn。

"论"字究竟该怎么读？历来学者一直都未曾统一过。就"论"字的基本词性言，古今都是作动词用的，如今言之"议论""评论"、古语之"廷论""论辩"，无一例外都读为去声，所以有学者认为《论语》的"论"也"当如字读"。此说源自唐陆德明《经典释文》卷二十四《论语音义》之"论，如字"说。

《汉书·艺文志》说《论语》是一部"门人相与辑而论纂"之书，"论纂"之"论"就是动词，当以作如字读为去声为是。汉王充《论衡》的"论"也读去声。只是如今读去声者很少，多数人包括工具书基本都读了阳平。这或许就是体现在常用词读音中的约定俗成。

（3）《古论》《齐论》和《鲁论》

《论语》的编成时间大约在战国初期，传至汉朝时，有《古论》《齐论》和《鲁论》三个版本。

《古论》二十一篇，分《尧曰》下章《子张问》为一篇，有两《子张》。出自孔壁，用古文字书写，孔安国曾为之训解，今已失传。

《齐论》二十二篇，多《问王》和《知道》两篇，为齐人所学的本子。

《鲁论》二十篇，与今所传的本子篇目相同，为鲁人所传。

今所传的本子，汉时称《张侯论》。张侯是西汉末年汉成帝的师傅安昌侯张禹。他以传《鲁论》为主，兼采《齐论》，择善而从，号《张侯论》。以其为帝王之师而《张侯论》为世所贵，为儒生所尊奉。汉灵帝时所刻《熹平石经》用的也是《张侯论》。东汉末年郑玄即以此本参照《齐论》和残本《古论》作注，成为现在所流传的读本。但郑注今亦残佚。现在最通行的注本是魏何晏集解、宋邢昺疏的《论语注疏》和朱熹的《论语集注》。

（4）《论语》是读书人的必读书

汉人对《论语》很重视，当时一般九到十二岁的学童无不通《论语》，至南北朝依然如此。颜之推在《颜氏家训·勉学》中说：

虽百世小人,知读《论语》《孝经》者,尚为人师。

意思是说,即使世世代代都是下层劳动者,只要会读《论语》和《孝经》,也是可以给别人当老师的。由此可见,读书人在当时无人不读《论语》。

至南宋朱熹集《论语》《孟子》和《大学》《中庸》为"四书",并作《四书章句集注》后,《论语》更成为读书人的必读书,尤其是元仁宗以后,科举以"四书"为命题依据和考试范围,《论语》和读书人的关系更密切了。它关系到读书人一生的荣华富贵,因而成了他们读书做官的敲门砖。这种熟读《论语》的风气一直延续到清末。

清末废科举之后,《论语》不再是读书做官的敲门砖,但依然是读书人经常诵读的书。在儒家经典中,《论语》对读书人的影响最大;《论语》中所体现的道德、文化和人伦常理也一直深刻地影响着中华民族。

近年随着传统文化的复兴,《论语》又重新热了起来,而且正在走向世界,显示出深厚而久远的魅力。

7.《孝经》

《孝经》是"十三经"中文字最少的,不足两千字,但在中国传统文化体系中却占有非常重要的位置。它不但是儿童最基本的启蒙教材,也是普通平民百姓最基本的做人道德准则,更是历代帝王以孝治天下的至德要道。所以先后有许多君王为此书作注,如魏文侯、晋元帝、晋孝武帝、梁武帝、唐玄宗、清圣祖、清世宗等,更有众多学者为之释义,据说有五百人之多。可见这本小册子在中国传统文化中的地位之高,影响之大。即使在今天,尽管孝道的内涵已有很大变化,旧式孝道中一些愚昧行为和烦琐礼节,现在看来都不太合情理,但就孝道的基本精神来说,古今还是一致的。

（1）如何理解孝的基本精神

孝是人类最基本的伦理道德,其基本精神就是子女要善待父母长辈。对于孝的这个基本精神,古人的说法大体相同。

许慎《说文解字》说:

> 孝,善事父母者。从老省,从子;子承老也。

意思是说,孝就是指能很好地侍奉父母的人。"孝"这个字是由一个"老"和一个"子"组成的省形会意字,字形所表示的意思就是子女要承担起奉养老人的责任。

《尔雅·释训》说:

> 善父母曰孝,善兄弟曰友。

善待父母就是孝,善待兄弟就是友。

《礼记·祭统》说:

> 孝者,畜(xù)也。顺于道,不逆于伦,是之谓畜。是故孝子之事亲也,有三道焉:生则养,没则丧,丧毕则祭。

所谓孝就是畜（养）。孝子要顺于人道，不要违背人伦，这就叫作畜。孝子侍奉父母有三条原则：父母在世时要赡养，去世时要服丧，服丧之后还要祭祀。这些就是孝子应有的行为。

可见，孝的基本精神就是赡养，就是善待双亲。侍奉和赡养父母就是孝的基本内容。但孔孟对这种观点有所批评。他们认为孝的前提应该是敬和尊。

孔子在《论语·为政》中说：

> 今之孝者，是谓能养。至于犬马，皆能有养，不敬，何以别乎？

孔子认为，人类的孝如果只是养而没有敬，那就和养狗养马一样了。

孟子也在《孟子·万章上》中说：

> 孝子之至，莫大于尊亲。

孝子对父母最好的孝就是敬，尊敬父母是孝子最高层次的孝。

所以孝不只是赡养父母，还必须有敬的内涵和尊的外在表现，否则就和动物没有区别。曾参因此把孝分为三个等级：

> 大孝尊亲，其次弗辱，其下能养。（《礼记·祭义》）

尊敬双亲是最高层次的孝，赡养是最基本的孝。介于其间的"弗

第一章　经部概说

辱"就是不受辱,不使自己受辱,更不能让祖先受辱,意思就是要为自己和家庭争光。但这是其次的孝,不是大孝。

历来被称为孝之典型的是舜。《尚书·尧典》写尧在位七十年时让四岳推荐接班人,四岳推荐了虞舜,介绍了他的家庭情况和他本人的品行:

> 瞽子。父顽,母嚚(yín,愚蠢顽固),象傲,克谐。以孝烝烝,乂(yì,安定)不格奸。

舜是盲人的儿子,那盲人父亲为人固执而心术不正,后母又愚蠢顽固,弟弟也傲慢不友好,但舜却能与他们和谐相处。这是因为舜内心孝道淳厚,所以这样的家庭也会变得和睦安定而不出乱子。听了四岳的介绍,尧就让舜去协调人伦关系,引导天下之人做到父义、母慈、兄友、弟恭、子孝。

从舜的这个故事可以看出,五帝时就已有了"孝"这个概念。西周以血缘关系为纽带的宗法制度建立之后,孝就成了宗法社会中最基本的人伦规范和道德要求,《孝经》也就成了儒家阐述人伦孝道的一部重要著作。

(2)唯一以"经"命名的儒家经典

就儒家经典而言,《孝经》是唯一一部一开始就以"经"命名的。这是什么原因呢?

《汉书·艺文志》说:

夫孝，天之经，地之义，民之行也。举大者言，故曰《孝经》。

敦煌本郑玄《孝经序》诠释为：

> 夫孝者，盖三才之经纬，五行之纲纪。若无孝，则三才不
> 成，五行僭序。……经者，不易之称，故曰《孝经》。

从这两段文字可知，《孝经》之所以一开始就以"经"命名，是为了强调孝的不可变易性。因为孝是贯通天、地、人的一种大经纬，有了孝才能成就三才，才能使五行有序，使人类有行为的规范和准则。这些都是不能变的，否则就会"三才不成，五行僭序"，社会就会乱了套。所以此书才以"经"命名，称为《孝经》。

其实《孝经》之"经"原非六经之"经"，两者有所不同。《孝经》之"经"原是"常"义，谓常道，即常行之义理，这些常行之义理是不可变易的；而六经之"经"指的是经典。《左传·宣公十二年》"政有经矣"，杜预注此"经"为"常也"，意谓政令合于常道。总之，《孝经》在成为儒家经典之前，原来所指似为"事亲之常道"，如谭正璧先生1936年著《国学概论新编》所说：

> 前人以为诸经中本来称经的，只有《孝经》，其实不然。因为《孝经》称"经"，和六经的"经"意义不同。今人解"孝经"二字，以为"孝"是"事亲之名"，"经"是"常行之典"：总括说起来，它乃是部示人以"事亲的常典"的书。

第一章 经部概说

（3）《孝经》的作者是谁

关于《孝经》的作者，有多种说法。

《汉书·艺文志》认为是孔子所作："《孝经》者，孔子为曾子陈孝道也。"

司马迁认为是曾子所作。《史记·仲尼弟子列传》："曾参，南武城人，字子舆，少孔子四十六岁。孔子以为能通孝道，故授之业，作《孝经》。"

宋人胡寅（朱彝尊《经义考》引）、朱熹（《孝经刊误》）和王应麟（《困学纪闻》）则认为是曾子门人所记。

王应麟《困学纪闻》引冯椅之语曰"是书当成于子思之手"，认为是子思（孔子之孙）所作。

《四库全书总目》认为是孔子"七十子之徒遗言"，成书于秦汉之际。

近人王正己《孝经今考》则把著作权归于孟子的学生，谓《孝经》"大概可断定为孟子门人所作"。

总之，《孝经》的著作权至今莫衷一是，但比较倾向于曾子的门人子思所作。

（4）统治者与《孝经》

《孝经》分为十八章。开篇《开宗明义章第一》是全书的总纲，总述孝的宗旨与孝的根本，认为孝是"德之本"：

孝始于事亲，中于事君，终于立身。

孝对统治者维护统治很有利,所以历代统治者都很重视,并借《孝经》来为他们的政治服务。

汉朝时为《孝经》专设了博士,也就是在大学里设置了专科的教授,并规定儿童识字以后,《孝经》和《论语》都是必读书。而且自惠帝起,皇帝的谥号前都要加个"孝"字,如孝惠帝、孝文帝、孝武帝,以向国人昭示以孝治国的基本方针,强调政府对孝道的倡导和重视。

唐朝时《孝经》更为盛行。唐玄宗两次为《孝经》作注,并亲自以八分书写成样本刊勒,立于京师国学中,供学子对照勘正,人称《石台孝经》。

到了清朝,统治者为平息汉民族的反抗,也利用了《孝经》。顺治用石台本为《孝经》作注,有《御注孝经》一卷;康熙有《钦定孝经衍义》一百卷颁行;雍正更是比照各家注本,编成《御纂孝经集注》刊行。

(5)《孝经》也有今古文之说

《孝经》的本子也有今古文之别。据说秦火之后,河间人颜芝收藏了《孝经》,汉初其子将此书献出,抄成隶书流传,这就是今文《孝经》,共十八篇。郑玄为之作注,称"郑注本"。汉武帝末年,鲁恭王扩建王宫,在拆除孔子旧宅时,于孔壁得古文《孝经》二十二篇。孔安国为之作注,称"孔注本"。但此书南朝梁时已失传,今所传皆伪本。《隋书·经籍志》说:"《古文孝经》一卷,孔安国传。梁末亡佚,今疑非古本。"

唐开元七年(719),唐玄宗为《孝经》作注。现在所传的本子就是唐玄宗的注本,宋邢昺为之疏。

8.《尔雅》

《尔雅》不同于所有的经书,在"十三经"里比较特别。它原本不是经,却为历代学者所重视。

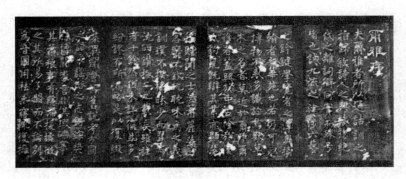

唐开成石经本《尔雅》

(1)《尔雅》原来是辞书

刘熙《释名》说:

> 尔,昵也;昵,近也。雅,义也;义,正也。五方之言不同,皆以近正为主也。

其实"尔"也通"迩","迩"有近义,"尔雅"就是"迩雅",其意为"近正",就是使各地方言接近于中原正言。正言就是雅言,是诸夏通用的标准语言,犹如今之普通话。黄侃认为"雅"是"夏"的借字,《尔雅》即"诸夏之公言""经典之常语""训诂之正义"。

（《尔雅略说》）

所以，《尔雅》原来只是一部辞书，一部解释词义的工具书。但《汉书·艺文志》却把它列在《孝经》一类经书中，说"《尔雅》三卷二十篇"，后来也就被列入经部。《四库全书总目》说：

> 持说经之家，多资以证古，故从其所重，列之经部。

就《尔雅》的性质说，原是用于帮助阅读和理解经书的。凡解说经典的各家，大多也只是用它来求证语词的古义，本属于字书一类的书。但由于字书原附庸于经书，且《尔雅》和经书有非常密切的关系，是治经不可或缺的工具，所以按照就高不就低的原则，就把它归到了经部。

《尔雅》现在已不作经书看，多归为语言文字方面的训诂类书，因为它不是供阅读的，而是供查检的。从《尔雅》对词语的训释方式看，主要有三种情况：

> 以标准语训释方言俗语，
> 以当代语训释古语，
> 以常用语训释疑难词语。

（2）《尔雅》的作者

《尔雅》的作者旧有三说：周公、孔子门徒、汉代学者。

主张周公所著的是魏张揖，他认为周公"著《尔雅》一篇"，后来晋郭璞和唐陆德明等人都持这种看法；主张孔门弟子所著的是

第一章　经部概说

西汉扬雄，他认为是"孔子门徒游夏（子游、子夏）之俦所记"，东汉郑玄和晋葛洪也持此说；主张汉代学者所著的是南宋叶梦得，叶否定了周公的著作权，认为"但汉人所作耳"，此说对后世影响较大。

就《尔雅》一书所引用的材料有许多为周孔以后的史实看，前两说的可能性较小；但也不是如叶所说全为汉人所著。此书的形成应该经历了一个漫长的过程，非一人一时之作。比较合理的推测应是：此书为战国时著作，由战国时人陆续采录、汇编而成，后又经过秦汉时期学者的增补和润色，才成了现在这个样子。因此，《尔雅》应是一部成于众人之手的汇编之作。

（3）《尔雅》的内容与价值

今本《尔雅》三卷，共十九篇（首篇《释诂》分上、下），所释词语有 4300 多个，分列 2091 个条目。十九篇的篇目为：

释诂　释言　释训
释亲　释宫　释器　释乐　释天　释地　释丘　释山
释水　释草　释木　释虫　释鱼　释鸟　释兽　释畜

前三篇是训释古代文献词语的汇编，后十六篇为人文地理和名物训诂，实际就是古代社会生活的百科辞典。所以《尔雅》这部书，除了帮助我们弄清古今词义的区别，并对同义词进行辨析之外，还是了解古代社会和自然状况的最重要的文字资料，在这方面的作用远远超过了对经典的解释。

9.《孟子》

《孟子》是最后进入"十三经"的儒家著作。《汉书·艺文志》《隋书·经籍志》《新唐书·艺文志》皆列《孟子》于子部。唐时虽曾有人上书请列《孟子》于经部，但未被采纳。两宋时《孟子》才受到普遍的重视，地位逐步升级，至宋神宗时遂正式列入经部。

孟子像

　　《孟子》一书凡七篇，为《梁惠王》《公孙丑》《滕文公》《离娄》《万章》《告子》《尽心》，各分上下，实为十四篇。据赵岐《孟子题辞》说，另有外书四篇——《性善》《辩文》《说孝经》《为正》，但认为伪作而未收，后亡佚于隋唐之际。

　　（1）《孟子》的著作权问题

　　《孟子》的著作权有三说。

　　其一，孟子自撰说。赵岐《孟子题辞》：

　　　　此书孟子之所作也，故总谓之《孟子》。

　　其二，孟子与门徒合撰说。《史记·孟子荀卿列传》：

　　　　天下方务于合从连衡，以攻伐为贤，而孟轲乃述唐虞三代之德，是以所如者不合。退而与万章之徒序《诗》《书》，述仲尼之意,作《孟子》七篇。

此说认为著作权属于孟子和他的门徒万章等人。

其三,门徒汇辑说。唐韩愈《答张籍说》:

> 孟轲之书,非轲自著。轲既殁,其徒万章、公孙丑相与记
> 轲所言焉耳。

此说认为孟子去世之后,他的门徒万章、公孙丑等人辑录汇编其言论而成《孟子》一书。

现在一般取司马迁的合撰说。

（2）孟子的思想

孟子是孔子之后的又一位儒学大师,被后人尊为"亚圣"。《史记·孟子荀卿列传》说他"受业于子思之门人"。子思是孔子之孙。但孟子自己却说:

> 予未得为孔子徒也,予私淑诸人也。

他很感慨自己未能成为孔子的学生,对孔子的学说他是自学的。所谓私淑,是指虽未能亲自接受某人教诲,却对某人和他的学说十分敬仰并尊之为师的一种学习现象。

孟子笃信孔子学说,虽自言"私淑诸人",未能亲受孔子或其门人的教诲,却以孔子的嫡传和继承人自任,完全是因为他的思想

和孔子是一脉相承的缘故。只是他所处的时代与孔子已有很大不同，而其思想却未能与时俱进，比较拘泥于孔子旧说，因而主张多迂阔而不切实际。如《梁惠王上》的一段记载：

> 孟子见梁惠王，王曰："叟！不远千里而来，亦将有以利吾国乎？"孟子对曰："王，何必曰利？亦有仁义而已矣。"

由于孟子这种仁义思想完全不适合战国时代弱肉强食的现状，所以他处处碰壁，主张多不被采纳，只能退而与弟子著书。但是他所提出的"民贵君轻"等以民为本的思想，在当时还是相当可贵的。只是后来在明朝惹恼了朱元璋，以为这不是臣子应该对君王说的话，于是对《孟子》一书大肆删削，还把孟子的牌位逐出了孔庙。这在儒家所有经典中是独一无二的遭遇。

10. 关于"四书"

"四书"与"五经"相对，现在还常连用"四书五经"指称古代经典。但"五经"是五部书，"四书"却不是四部书，而是两部书加两篇短文。两部书是《论语》与《孟子》，两篇短文是《礼记》中的《大学》与《中庸》，合在一起称"四书"。《论语》汇编了孔子的言行，《孟子》记述了孟子的思想，《大学》论述的是古代大学阶段如何修身治国，《中庸》讲的则是儒家所谓恰到好处的处世哲学：不过分也不欠缺，不突出也不失常。这两部著作和两篇短文早在先秦就已有了，但其时尚无"四书"之名。

国学概说

（1）"四书"的名称形成于南宋

从儒家经典著作来说，五经的专业性相对较强，是汉代经学家（主要是古文经学家）重点研究的儒学著作，列入高等学府作为教材。当时古文经学家研究的重点是名物和词语考释。但到了宋代，那些儒家学者研究的重点和兴趣发生了变化。他们认为读经是为了明理，否则就是白读，所以他们研究的兴趣转移到了儒学的义理，一直延续到南宋的朱熹而集其大成。那些儒学者被称为"理学家"。

两宋理学家认为，要探明经书中的义理，首先必须明了圣人所以作经的本意和圣人所用之心，而能最直接探明圣人本意的材料，就是《论语》《孟子》和《礼记》中的《大学》与《中庸》，于是才有了合在一起的"四书"。

朱熹像

从历史的发展看，"四书"的形成并非偶然，是有渊源的，有一个相当长的过程。

在汉代时，《论语》和《孟子》虽说尚未升入经部，但地位已经比其他子书高了许多，汉文帝时，这两本书还都设置了博士，有了专科教授。《论语》在汉朝还是儿童必读书，影响一直很大。

两篇短文也很早就引起了人们的注意。《大学》相传为曾参所作，《中庸》相传为子思所作。在汉朝，《中庸》已有了单篇的研究,《汉书·艺文志》就载有两篇《中庸说》。在唐朝,韩愈很推崇《大学》和《中庸》,把它们与《论语》《孟子》并列。北宋的司马光也很重视《大学》的研究,撰有《大学通义》(已佚)。但这些都未能使之普及到像《论语》和《孟子》一样。直到南宋的朱熹,本着"欲直得圣人本意"(《朱子语类》)之目的,在光宗绍熙元年(1190),把这两本书和两个单篇汇刻成一套丛书,作为最基本的教材来教育学生后,这才逐渐普及起来,以后才有了"四书"的名称。这个名称是因朱熹而有的,朱熹还为之认真地作了注释和诠解。

(2)"四书"和《四书章句集注》

"四书"虽至朱熹始汇集成书,但早在北宋时,程颢、程颐(世称"二程")两兄弟就已把两篇短文从《礼记》中抽离出来独立成书了。自朱熹把这四种材料集注成"四书"后,"四书"就成了读书人的必读书。此后直至清末废科举,在七百余年的漫长岁月中,"四书"一直在我国基础教育中占据着非常重要的地位,一直和读书人的关系最为密切。

朱熹认为"四书"是能直接探明"圣人本意"的最好材料,而且认为其内在也构成了一个人学习修养的完整体系:

《大学》可先让初学者了解古人学习修养的步骤和途径,作为入德的门径;

《论语》和《孟子》可让学习者学习孔孟如何处理个别事例,让他们领会其中的道理,是两本内容较为具体的教材;

《中庸》则蕴含孔子所传授的心法,学习者在学习前三书的基础上,可进一步逐渐体悟,一旦学成,终身受益。

《四书章句集注》书影

"四书"一般的排列顺序是《大学》《中庸》《论语》《孟子》,但按朱熹的理解,"四书"应按上述内在联系排列为《大学》《论语》《孟子》《中庸》,简称"学论孟庸"。

朱熹还非常用心用力地为"四书"作注,前后有四十年之久,差不多用了毕生精力反复修改。朱熹的注对后世影响很大。朱子注"四书",《大学》《中庸》称"章句",《论语》《孟子》称"集注",合称《四书章句集注》,简称《四书集注》。

《四书集注》是朱熹思想的代表作,也是宋明理学的权威著作。朱熹去世后,南宋朝廷就把《四书集注》定为官书。元仁宗皇庆二年(1313),又把《四书集注》定为科举考试的命题依据,考生答题和发挥都必须以朱熹的注为标准。自此,《四书集注》就成了钦定的科举用书,直至清末;朱熹也被尊为"朱子",配祀于孔庙中,受到后代读书人的祭享。

附:《十三经注疏》注疏者一览

《周易正义》——魏王弼、韩康伯注,唐孔颖达等正义

《尚书正义》——汉孔安国传,唐孔颖达等正义

《毛诗正义》——汉毛亨传,郑玄笺,唐孔颖达等正义

《周礼注疏》——汉郑玄注,唐贾公彦疏

《仪礼注疏》——汉郑玄注,唐贾公彦疏

《礼记正义》——汉郑玄注,唐孔颖达等正义

《春秋左传正义》——晋杜预注,唐孔颖达等正义

《春秋公羊传注疏》——汉何休注,唐徐彦疏

《春秋穀梁传注疏》——晋范宁注,唐杨士勋疏

《论语注疏》——魏何晏等注,宋邢昺疏

《孝经注疏》——唐李隆基注,宋邢昺疏

《尔雅注疏》——晋郭璞注,宋邢昺疏

《孟子注疏》——汉赵岐注,宋孙奭疏

三、经今古文与纬书

1. 关于经今古文的学派之争

经学的学派,在古代主要是汉学和宋学两大派,而汉学中又有古文和今文两个学派之分。

汉学的古文学派和今文学派的区分,原先只是传习经典的文字不同——用当时通行的文字隶书传习经典的称今文学派,用汉以前文字即籀文或六国古文传习经典的称古文学派,但后来在解经的方法乃至社会地位等方面都有了很大的不同。

两汉时期,今文学派是立于学官的官方学派,对于《易》《书》《诗》《礼》《春秋》这五经,政府专门设置了博士专科传授;而古文学派只在民间流传,未能立于学官。

今文学派解经多利用图谶(chèn)。图谶是一种配有图的神秘预言,今文学派为说经的需要而把它们比附于经书,称之为纬或纬候。候就是预兆。今文学派因此造了很多纬书,使他们的说经带上了许多神秘色彩,投合了统治者的需要。

古文学派传经比较求实。一些注重实事求是的学者在当时多

治古文,为汉景帝之子河间献王刘德所看重。史书说刘德"修学好古,实事求是","从民得善书","所得书皆古文先秦旧书","山东诸儒多从而游"。(《汉书·河间献王传》)自东汉经学大师郑玄以古文遍注群经之后,古文勃兴而今文式微。至东汉末年,古文学派的势力逐渐大了起来,于是在曹魏时也得以立于学官。

清朝的经学研究是以汉学为主的,因而也有今古文之别。

清古文学派的治经态度是为学问而学问,为考证而考证,着重研究名物训诂,不免有些支离破碎;而清今文学派治经着重微言大义的阐发,不拘束于名物训诂,道光时逐渐兴盛起来,至清末而盛极一时,其著名人物有龚自珍、魏源和康有为、梁启超等。今文学派于治经外,更关注现实,强调经世致用,所以有了后来康梁的维新运动。辛亥革命时,古文学派有所抬头,代表人物是章太炎,他是古文派大师。后继者有黄侃和吴承仕等。

清朝的中后期也曾发生过今古文之争,且争论异常激烈。曹聚仁认为,这今古文学派的问题,"是十九世纪后期最激起学术思想界大争论的问题"(《中国学术思想史随笔》)。

2. 关于纬书与谶纬神学

纬书是相对于经书而言的。经是织物上的纵线,纬是织物上的横线,横线依附于纵线,纵横交错,互相配合。同样,纬书也依附于经书,与经书配合。经书在汉儒中有五经和七经之说,于是纬书也有五纬和七纬(《易纬》《书纬》《诗纬》《礼纬》《乐纬》《春秋纬》《孝经纬》)的名称与之配合,且皆托名孔子所作。

因为纬书中多有谶语,后来"谶"和"纬"便混为一谈,通称"谶纬"，成为西汉时期社会上广泛流行的一种宗教迷信。

"谶"是一种隐语，是当时巫师和方士编造的一种能"预决吉凶"的神秘预言。这种预言又叫符或符命，编造者说它来自上天，因而是符合天意的。为了增加谶的神秘性，编造者将它记录下来并涂上绿色，因此也称为箓(lù)。又因常附有图，也叫图谶。

"纬"便是那些方士化的儒生用神学观点解释和比附儒家经典的著作，虽说和谶有所不同，但同样具有浓厚的宗教色彩。谶书多托名天帝神仙，纬书则假托孔子，把孔子描绘成通天教主，一位能"前知千岁、后知万世"的神。

谶纬之学把儒家经典神秘化和宗教化，它任意地把偶然出现的自然现象与人类社会的政治现象牵强附会地联系在一起解释，所以本质上是一种庸俗经学和封建神学的混合物。

谶纬起源于原始社会后期的河图洛书，而关于图谶的最早记载是在秦代。《史记·秦始皇本纪》：

> 始皇巡北边，从上郡入。燕人卢生使入海还，以鬼神事，因奏录图书，曰"亡秦者胡也"。始皇乃使将军蒙恬发兵三十万人北击胡，略取河南地。

始皇以为"胡"是指北方匈奴，所以发兵击匈奴，没想到却是自己的儿子胡亥。"胡"指胡亥而非匈奴，其实是后人的附会。

西汉末年王莽改制也利用了谶纬。他说自己在未央宫前得到了"铜符帛图"，因此他做皇帝是天命，从而为自己托古改制寻找到一个合法的依据。同样，刘秀击败王莽登基，也是将谶纬用作自已得到帝位的合法依据的。

谶纬神学的形成始于西汉中叶的董仲舒。董仲舒是儒家今文经学的集大成者，他的《春秋繁露》以阴阳五行和天人感应为理论基础，使儒家学说神学化。东汉章帝时，章帝主持召集博士儒生在白虎观开了一次全国性的经学讨论会，用谶纬来解释经义。这次会议的产物便是由班固整理编辑的《白虎通义》。这本书进一步把迷信的谶纬和今文经学糅合在一起，使儒学彻底神学化了。因为这次会议是章帝亲自主持的，所以谶纬神学就取得了钦定的法典地位，在东汉广泛流行和应用，成了一种时尚和风气。

谶纬神学在东汉末期开始衰落，原因有多种。一是经黄巾起义的冲击，社会动荡不安，帝国已经分崩离析；二是科学的发展和一些无神论者的有力批判，如桓谭、王充和王符、仲长统等人对谶纬神学进行了全面批判。此外还与道教的兴起和佛教的传入有关——道佛两教的思想体系相对精细严密，于是相对粗糙荒诞的谶纬神学就逐渐衰败，至隋炀帝时便正式被禁毁。

作为一种有体系的神学，谶纬已经退出了历史舞台，但就谶纬的某种形式看，在后世依然有所保留，如相传为唐朝李淳风、袁天罡所作的《推背图》，以及明朝刘伯温所作的《烧饼歌》之类就是。

虽说谶纬神学充满了荒诞和迷信，但也保存了一些神话传说和有用的历史资料。如《太平御览》卷三十六所引《书纬·考灵曜》："地恒动不止而人不知，譬如人在大舟中，闭牖而坐，舟行不觉也。"这则材料说明，汉朝时人们对地动说已经有了一些朴素的理解。

附：小学概说

1. 何为小学

小学自汉以后指的是研究古代语文的学术,但早先指的是为贵族子弟设置的初级学校。

许慎《说文解字叙》：

> 周礼八岁入小学,保氏教国子,先以六书。

孩童入学首先学识字,"六书"就是当时启蒙的识字课程。

班固《汉书·艺文志》提到的小学类书目都是《仓颉》《急就》《凡将》《别字》等识字类读本或字典性质的书,后来就借"小学"指称关于文字的学问。凡解释文字的书,都通称"小学"。现在一般称之为文字学。

隋唐以后,小学的范围扩大到包括音韵和词语,成了文字学、音韵学、训诂学的总称。直到现在,学者仍用小学来指称古代的文字、音韵和训诂。

古代学者以读经为中心,以小学为读经的工具,所以小学类书皆附列于经部之末。现在小学已从经学里独立出来,而且分成文字、音韵和训诂等几门不同的学问。

2. 文字学

以汉字为研究对象的学科。主要研究汉字的起源、性质、发

第一章　经部概说

展、演变、形音义的关系以及正字法等。

许慎《说文解字叙》：

　　仓颉之初作书，盖依类象形，故谓之文；其后形声相益，即谓之字。

说明"文"和"字"的意思原来是有区别的，所谓"独体为文，合体为字"（郑樵语）。"文""字"二字，浑言义同，析言有别。

文字学有广狭二义。广义的包括文字的形、音、义三部分；狭义的仅指字形，音义另分出两门新的学科——音韵学和训诂学。这里的文字学是指狭义的。

据说文字是由黄帝的史官仓颉创造的，但这只是传说。实际情况应是：以仓颉为代表的史官，在汉字形成过程中做过很重要的整理工作。

汉字在形体的构造上有"六书"之说，许慎的定义如下：

　　象形——象形者，画成其物，随体诘诎，日月是也。（又如：人豕马鸟）

　　指事——指事者，视而可识，察而见意，上下是也。（又如：本刃寸亦）

　　会意——会意者，比类合谊，以见指㧑（huī），武信是也。（又如：从北伐逐）

　　形声——形声者，以事为名，取譬相成，江河是也。（又如：松崎徒颖）

　　转注——转注者，建类一首，同意相受，考老是也。(《说文》仅此二例)

　　假借——假借者，本无其字，依声托事，令长是也。(又如：其而莫来)

汉字形体的书写也经历了从古文到今文的变化，大致演变轨迹如下：

　　甲骨文、钟鼎文(金文)——上古至周之文字

　　籀文、大篆——周宣王时代西秦一带流行的文字

　　小篆、秦隶——秦统一中国以后流行的正规文字和简约小篆的古隶

　　汉隶——汉代流行的正规文字

　　章草——汉隶的草写

　　楷书——三国魏以后的文字，相传为钟繇首创

　　今草——晋以后的文字，以王羲之草书为代表

　　行书——介于楷书与草书之间的一种书体

以下略说几部古代的主要字书。

（1）《说文解字》

简称《说文》。东汉许慎所著，为我国第一部系统的以分析字形与考求字本义为主要内容的字典。全书 15 卷，收字 9353 个（多为小篆），另有重文（即异体字）1163 个（为古文、籀文等）。首创

第一章　经部概说

部首编排法,按字形结构分 9353 个汉字为 540 部,每部设一部首,部首大多"据形系联",部内汉字大致按意义排列。释字以形训为主,先以形训方法解释字义,再用六书理论分析字形结构,最后标注音读。此字书历来被视为文字学的经典之作,是研究古文字和古汉语必不可少的工具书。今有中华书局影印本行世。

今所传之《说文》有两种:一为北宋徐铉的校定本,称大徐本,即今之通行本;一为徐锴(徐铉之弟)《说文解字系传》,称小徐本。两种《说文》本子每卷都各分上下,析为 30 卷。《说文》注本中最著名的是清代四大家的注本:段玉裁《说文解字注》、王筠《说文句读》、桂馥《说文解字义证》和朱骏声《说文通训定声》。

(2)《玉篇》

南朝梁顾野王著。我国现存第一部楷书字典,凡 30 卷,收字 12917 个。其体例基本沿用《说文》,但部首略有增删改易,为 542 部,部首次序与部内收字排列与《说文》也不尽相同。释字先以反切注音,然后释义,也有征引书证的,不作字形结构分析和字义探源。原本仅存残卷,今通行本为宋代重修之《大广益会玉篇》。

(3)《字汇》

明梅膺祚著。编成于明万历年间。此字书沿用《说文》部首编排,但简省为 214 部,共收字 33179 个,按十二地支排序为 12 卷,加卷首与卷末附录共 14 卷。首创笔画排列法,部首与部内之字均按笔画多少排列,以方便检索。释字先以反切后以直音注音,然后释义并援引书证,个别也有分析说明字形构造的。有清同治年间刊本。

（4）《正字通》

明末张自烈著。编成于明末清初，为补正《字汇》而作，在收字、注音、释义上对《字汇》多有补充订正，书证也多有增引。收字33000 余，编排体例大致与《字汇》同而略有改进。有清康熙年间刊本。

（5）《康熙字典》

清张玉书、陈廷敬等奉敕编撰。此字书在《字汇》与《正字通》的基础上增补而成，刊印于康熙五十五年（1716）。全书收字47035 个，部首 214 个，按十二地支顺序排列为 12 集，每集再分上中下三卷。部首与单字均按笔画多少排列。释字也是先注音后释义。注音多为历代韵书如《唐韵》《广韵》等的反切或直音，释义则多博采历代文献为书证，引例比较丰富，为阅读古书的重要工具书。今有中华书局影印本，又有汉语大词典出版社的标点整理本。

3. 音韵学

以古代汉语语音（声、韵、调）为研究对象的一门学问，也叫声韵学。原是小学的一部分，后独立成专门的学问。

汉字是表意文字，不是拼音文字，因此研究汉字读音的音韵学，古代是以汉字作为表音工具的。用汉字给汉字注音，难以注得精确，不如现代用拼音字母注音，精确且明白易懂。

每个汉字的字音都有三个要素：声、韵、调。声是声母，韵是韵母，调是声调。音韵学就以这三个要素为研究对象。研究内容大致有：声母的分类和韵母的分部、古音和今音的变化、南音和北音

第一章 经部概说

的差异等。

声母也叫字母,指每个汉字音节的第一个音素。唐朝和尚守温仿照印度梵文创造了三十个字母,后人增至三十六个,这是中古时期的声母系统。

韵也叫韵母,指汉字音节中除了声母以外的部分。韵母的产生先于声母,也是受印度影响而产生的。隋陆法言《切韵》是现存最早的韵书,后来唐孙愐(miǎn)《唐韵》和宋陈彭年《广韵》都是在它的基础上形成的。《广韵》就是增广《切韵》之作,代表了中古时期的韵母系统,有韵母二百零六个。

南宋平水(今山西临汾)人刘渊作《壬子新刊礼部韵略》,并合《广韵》二百零六韵为一百零七韵,后人又并为一百零六韵(元人阴时夫《韵府群玉》和金人王文郁《平水新刊韵略》),成为当时写诗的诗韵,称"平水韵"。

根据我国古今语音的变化情况,音韵研究大致分为五期:

① 上古音——先秦语音,以《诗经》用韵为根据。

② 中古音——魏晋至隋唐语音,以隋陆法言《切韵》为根据。

③ 近古音——两宋语音,以宋末黄公绍《古今韵会举要》为根据。

④ 近代音——元明清时期语音,以元周德清《中原音韵》为根据。

⑤ 现代音——现代普通话语音。

从古代的注音方式看,主要有两种:

① 直音——用同音字注音。如《诗经·周南·关雎》:"参差荇菜。"朱熹《集注》:"荇,音杏。"

又如:根,音跟;烽,音丰。

如果没有常用的同音字,直音法便失去了注音的作用。

如:西,音栖;是,音姼;烁,音欶。

② 反切——用两个汉字给一个汉字注音,上字取声,下字取韵调。(按:反切注音,实为汉字双声叠韵语音现象的运用)

例:夸,口花切。(k)ǒu+h(uā)→kuā

红,胡笼切。(h)ú+l(óng)→hóng

但古今语音是有变化的,有时便难以拼切,拼出的不是现在普通话的读音。

如:鸡,古奚切。(g)ǔ+x(ī)→gī(jī)

平,符兵切。(f)ú+b(īng)→fīng(píng)

以下略说几部古代的主要韵书。

(1)《切韵》

隋陆法言撰。收字近12000,分为五卷(平声两卷,上、去、入各一卷)。此韵书既是集两汉至南北朝音韵学研究成果之大成之作,又被视为唐宋韵书的始祖,在汉语音韵学史上占有重要地位,影响深远。惜乎原书已佚,今仅存残本残卷。

(2)《广韵》

北宋陈彭年等撰。全称《大宋重修广韵》,为我国现存最早也是最完整的一部韵书。宋真宗时陈彭年等人奉诏以《切韵》系列和《唐韵》为基础编定而成,是一部官修韵书。收字26194,按反切发声分平、上、去、入四声五卷,共二百零六韵。每韵取一字为韵目,如东韵、江韵、之韵。每韵又各以同音字归为一小类,称小韵,也叫纽。如东韵下有三十四个小韵。小韵第一字先释义后注音,其余都只释义不注音,若有异读则另注"又音"。《广韵》是一部韵书,也被认为是一部字书,既在汉语音韵学史上具有重要地位,也在古代文献学和词汇学方面具有相当的参考价值。今有北京中国书店影印本。

（3）《集韵》

北宋丁度等撰。这也是一部奉诏撰著的官修韵书,是在《广韵》的基础上修订增补而成的。之所以对《广韵》加以修订增补,是因为《广韵》"多用旧文,繁略失当"。全书收字53525,比《广韵》增加了一倍多。分卷也因此增至十卷:平声四卷,上、去、入三声各两卷。韵部同《广韵》,也是二百零六,但韵目与排列顺序略有变化。其他如小韵第一字也改为先注反切音后释义(释义多本《说文》);反切也多有改动,以贴近当时的语音实际。《集韵》是收字最多的一部韵书。今有北京中国书店和上海古籍出版社的影印本。

4. 训诂学

训诂学是一门对古语、方言和文言中的疑难词义进行解释的专门学科,原来也是小学的一部分,即专讲字义的一部分,后独立成专门的学科。

"训"与"顺"同音,《说文》:"训,说教也。"段注:"说教者,说释而教之,必顺其理。"意思是顺着语义去解释。

"诂"从古言,《说文》:"诂,训故言也。"段注:"训故言者,说释故言以教人,是之谓诂。"意思是用今语去解释古语。

训诂的内容大致有三个方面:

① 以今语释古语;

② 以雅言释方言;

③ 以俗语释文言。

最早的训诂学著作是周代的词书《尔雅》,这是我国古代最权威的训诂学著作。《尔雅》中的《释诂》就是用今语来解释古语,《释言》就是用雅言来解释方言,《释训》就是用通用语即俗语来解释文言。

训诂需要有文字学和音韵学的相关知识。训诂的对象是汉字,而每个汉字都有形、音、义,因此训诂就有形训、音训和义训的不同。这些不同也只是侧重某一方面的不同,最终都必须落实到词义上。

以下略说几部古代的主要词书。

(1)《尔雅》

详见本书 70—72 页。

(2)《方言》

西汉扬雄撰。我国第一部方言词典,全称《輶轩使者绝代语释别国方言》。所收方言包括黄河与长江流域的绝大部分地区,此外还有一些少数民族的语言,如蛮语、羌语和狄语等。今本《方言》为十三卷(原为十五卷)。释词体例大致为:或先以方言同义词组成一个词条,然后用一个通用语的同义词予以解释;或先标立一个通用词,然后分别解说各地不同的方言同义词。东晋郭璞《方言注》是《方言》的最早注本,此外还有清钱绎《方言笺疏》等注本。

(3)《释名》

东汉刘熙撰。这是一部名物词典,或者说是一部语源词典。按照事物类别分为八卷二十七篇,每卷篇数多少不等,如卷一最多,有《释天》《释地》《释山》《释水》《释丘》《释道》六篇,而卷二仅两篇,为《释州国》《释形体》。释词方式主要是音训,即用同音字或近音字解释词义,有时也对词义即事物命名之由来略作探求,对研究语源与古音古义有参考价值。不足之处在于音训用得太多,难免有穿凿附会之说。注本有清毕沅《释名疏证》和王先谦《释名疏证补》。

(4)《广雅》

三国魏张揖撰。这是一部增广《尔雅》的词典。编撰体例、释词方法与《尔雅》同,也按事物类别分为十九卷。因为是增广《尔雅》之作,所以凡《尔雅》已经训释的词一概不再收录,只收《尔雅》没有收录的词予以训释。注本有清钱大昭《广雅义疏》和王念孙《广雅疏证》。

(5)《经籍籑诂》

清阮元主持编撰。这部词典汇辑了唐以前诸家词语训诂资料,取材相当丰富。编排按平水韵分为一百零六个韵部,一韵一卷,共一百零六卷。释词只释义,不注音。释义顺序按本义、引申义和假借义排列,都附有例证,且皆注明出处。一个词义若有多家训诂材料的,都一一照录,不避重复,也不删减,一仍其旧。今有中华书局和成都古籍书店的影印本。

5. 校雠学

校雠(chóu)学有广狭二义。

广义的校雠学包括目录学、版本学和校勘学,内容指整个书籍的整理工作。狭义的校雠学专指校勘学。

刘向《别录》解释"校雠"二字的意义为:

> 一人读书,校其上下,得谬误,为校;一人持本,一人读书,若怨家相对,为雠。

刘向说的"校雠"实即校勘。详见校勘学(本书 96—97 页)。

6. 目录学

目录学是研究目录工作形成和发展的一般规律的学术。原来是校雠学的一部分,后独立为一门专科。

"目",原指一本书各篇的卷名;"录",原是对目的编次与说明。"目录"合称,原指"一书目录",即一书各篇各卷部次及其说明文字的总称,也叫小序;后来主要指群书目录,现在也叫图书目录。书籍的大量存在是群书目录产生的前提。

第一章 经部概说

"目录"一词，最早大概见于西汉刘向的《别录》。该书唐末已佚，但唐初李善为《文选》所收晋人王康琚的《反招隐诗》作注时，引有"刘向《列子目录》曰"之语。《隋书·经籍志》说明了目录产生的原因："古者史官既司典籍，盖有目录以为纲纪。"目录的产生是为纲纪典籍的社会需要。

　　目录学的始创者是刘歆。刘歆《七略》（辑略、六艺略、诸子略、诗赋略、兵书略、术数略、方技略）是最早的目录学著作。班固《汉书·艺文志》仿《七略》，分群书为六类（六艺、诸子、诗赋、兵书、数术、方技），每类都有一个说明，每个说明都是一篇简明的学术源流考。

　　"目录学"一词始见于乾隆末年王鸣盛《十七史商榷》："目录之学，学中第一紧要事。"

　　目录学的基本体制有三：篇目、叙录、小序。其中篇目为必备的内容。

　　（1）篇目——说明一篇之源流。即说明该篇在书中所处的位置等。

　　（2）叙录——说明一书之源流。具体有十项内容：

　　① 作者（生卒年代、籍贯、生平、著作、贡献等）

　　② 大意（书的性质与内容）

　　③ 原委（写作动机、背景与影响等）

　　④ 行款（页数、行数、字数、版本的长度与宽度等）

　　⑤ 题跋（前人所作的序跋、考据等）

　　⑥ 印记（表示某人曾拥有，借以考证时代与真伪）

　　⑦ 讳字（借以考查所属的时代）

　　⑧ 收藏（书先后的流传过程）

⑨ 校雠（校正错字、误字、脱文、衍文和错简等）

⑩ 考订（考辨书的真伪）

（3）小序——说明一家的源流。对每一篇和卷的名称、要旨加以简要概括与说明，叙其学术源流与派别等。因置于书前，故称小序。也有分置各篇卷之下者。此即目录学家所指称的"一书目录"。主要作用是帮助读者了解该书的有关情况，指示阅读门径。

目录有许多别称：

录——如刘向《别录》

略——如刘歆《七略》

志——如《汉书·艺文志》《隋书·经籍志》

簿——如荀勖(xù)《晋中经簿》

考——如朱彝尊《经义考》

记——如钱曾《读书敏求记》

书目——如李充《晋元帝四部书目》

书录——如毋煚(jiǒng)《古今书录》

解题——如陈振孙《直斋书录解题》

提要——如《四库全书总目提要》

关于目录学的重要著作，对汉以前的古籍，《汉书·艺文志》有比较系统的介绍，为研究国学必需的参考书；汉以后的书则有《隋书·经籍志》《四库全书总目提要》。另有简本《四库全书简明目录》。清末张之洞著有《书目答问》，收录他认为重要的国学典籍两千余种。

7. 版本学

版本学是研究古代各种抄本（写本、稿本、批校本）的传抄源流和雕版源流的学术，还要研究各种本子的优劣，以及纸墨、字体、印记、款式和装潢等与书有关的各方面内容。原来也是校雠学的一部分。

版本学萌芽于西汉，刘向、刘歆父子校书时广集众多版本，对版本的辨别很精密。

"版本"这个名称始于唐代雕版印刷之后，因为雕版所印，遂称版本。也称墨本，以其用墨印成的缘故。

雕版印刷之前，书籍的流传全靠抄写，所以隋唐以前多为写本。写本有两个阶段，周秦两汉为简册时代，书是写在简（竹片）牍（木片）上的，用竹笔蘸漆书写或用刀刻写（所以萧何有"刀笔吏"之称）。隋唐时为卷轴时代，书写在帛上。秦汉时也有帛书，但以简册为主；至隋唐时，已全部是卷轴，没有竹木的简册了。

好的版本称善本。张之洞认为，善本应有三个标准：

① 足本——没有缺卷与删削的版本；

② 精本——经过精校精注的版本；

③ 旧本——多以明世宗嘉靖为界。

宋元旧刻多为善本。

8. 校勘学

校勘学是一门通过比较各种版本来辨别真伪、校正衍夺，以尽量还原原貌的学术。原来也是校雠学的一部分。

校勘的原意是反复核对。初校为校，再校为勘，勘也有校多次的。

"校勘"之名始于宋欧阳修《书春秋繁露后》："董生之书流散而不全矣,方俟校勘。"但春秋时已有校勘的实例,如《吕氏春秋·察传》:

> 子夏之晋,过卫,有读史记者曰:"晋师三豕涉河。"子夏曰:"非也,是己亥也。夫己与三相近,豕与亥相似。"至于晋而问之,则曰:"晋师己亥涉河也。"

晋代葛洪《抱朴子·遐览》中也说:

> 书字人知之,犹尚写之多误。故谚曰:"书三写,鱼成鲁,虚(一作帝)成虎。"

这两条校勘的实例,后来合成成语"鲁鱼亥豕",指传抄刊印过程中所出现的文字错误。

校勘必须用多种版本互校。版本越多,校得就越可能精细。也可用古注来互校,甚至还可本书自校,从上下文的用语和文意的情理上校勘。如《论语·季氏》:

> 不患寡而患不均,不患贫而患不安。

孔颖达《论语正义》和俞樾《古书疑义举例》都认为"寡"和"贫"不合文意和情理,是错位,应上下句互换为:

> 不患贫而患不均,不患寡而患不安。

第一章　经部概说

第二章　史部概说

一、史与史官

1. 何为史

许慎《说文解字》说：

> 史，记事者也，从又持中。中，正也。

许慎以为"史"是记事之人，字形由"又"（手）拿着"中"会意。

关于"中"为何物，所说不一。有以为是簿书的，那么史就是掌管文书案卷的人；有以为是简册的，那么史就是拿着简册记事的人；有以为是盛放筹（同算）筹之器的，而筹筹与简册本是一物，那么史就是持书之人；也有以为是笔的，那么史就是拿笔杆的人。

许慎释"中"为"正"，应是从抽象意义上说的，意思是记事要正，不能带有个人成见，必须客观如实。客观如实是记事的基本原则。这就是"中"，也就是正。

《周礼·天官冢宰·宰夫》说："六曰史，掌官书以赞治。"官书就是官府文书，这里的史指掌管官府文书并帮助起草之人，有类今之秘书。《玉篇》则认为"史"就是"掌书之官也"，只是管理图书的官，又似今之图书馆馆长。老子曾担任的"柱下史"，就是这个职务。

综上可知，"史"作为官名，有两个基本意思：记事之官与掌书之官。前者为秉笔直书者，负责写史；后者为管理文书或图册者，负责保管。

梁启超对"史"另有一个定义：

> 史者何？记述人类社会赓续活动之体相，校其总成绩，求得其因果关系，以为现代一般人活动之资鉴者也。（《中国历史研究法》）

梁氏认为史官之记述史事，是为后人作"活动之资鉴"的。

但从甲骨文"史"的早期字形看，史原先似乎并非文职的记事之人，而像手执猎具的猎人或手执武器的士兵。

胡厚宣《殷代的史为武官说》指出：

> 殷代的史，尚非专门记言记事和掌握国家文书诏令簿书图册的文官，也不是专门担任王朝钻龟占卜、钻燧取火以及国家庶务的任务。主要乃是担任国家边防的一种武官。

陈梦家《史字新释》也说：

> 史为田猎之网，而网上出干者，搏取兽物之具也；古者祭祀用牲，故掌祭祀之史亦即搏兽之吏。

因此，"史"原先指的可能是武官一类的人，并没有执笔记事之意。"史"表示文职记事官应是后来的转义。

2. 史官与史馆制度

（1）史官

我国很早就有史官记事的制度。

周以前，凡负责记事的官都被称为史。春秋时各诸侯国都有史官，《周礼》春官的属员就有大（读如太）史、小史、内史、外史、御史等。其中大史和内史是专为帝王记事的。

汉时史官制度逐渐完备。太史称令，兼"掌天时星历"；另有专掌历史典籍与修史的史官，东汉时称兰台令史。《汉书·艺文志》说：

> 古之王者，世有史官，君举必书，所以慎言行，昭法式（王念孙谓"式本作戒"）也。左史记言，右史记事。事为《春秋》，言为《尚书》。帝王靡不同之。

古代帝王都有史官，史官就是记事之官。但古代的史官，于记事之外常兼作顾问以备咨询。史官之所记，后人即称之为"史"。史有言事之分，史官遂有左右之别，以左史记言，右史记事。记事的史书为《春秋》，记言的是《尚书》。所谓"君举必书"，则是说君王的一举一动都要记录下来，从而使君王能谨言慎行。

唐宋时史官名目繁多，除左史、右史之外，起居郎、起居舍人也是史官，另外实录院、日历所和会要所的编修官也都是史官。自唐以后,宰相也开始自撰"时政记"。

元明以后,翰林院学士兼任史事,所以翰林也称太史。

唐刘知幾在《史通》中认为,史官应具备三个条件:史才、史学、史识。清章学诚《文史通义》又添了一个史德。这就是史家之"四长"。梁启超《中国历史研究法》列此"四长"次序为:史德、史学、史识、史才。德是第一位的。

所谓史德,指记事时心术要端正,不能偏私,善恶褒贬务求公正。要避免主观夸大,避免随意附会,避免以孤证武断。

所谓史学,非指掌握所有的史料,而是指对某一部分能做到专精;某一专门部分的内容,要了解得透彻而详备。平时要多注意积累,勤于抄录和搜求。

所谓史识,是指作为史家的观察力。能看清事情的来龙去脉,以及时势与环境的影响等。要有独到的敏锐眼光,不蔽于因袭传统的思想和自己的成见。

所谓史才,指写文章的技术才能,主要是材料的组织和剪裁、遣词造句的文采和表现手法等。

(2)史馆制度

设史馆以修史的制度源于东汉的兰台和东观。东汉明帝时置兰台令史,诏班固等人撰《光武本纪》与诸臣列传;汉章帝、汉和帝之后,又移置图籍于东观,撰成《东观汉记》。兰台、东观就是史馆的源起。

北魏时设修史局监修国史,这是史馆的雏形。

北齐时改修史局为史馆,修撰《魏书》,以宰相兼领监修国史

第二章 史部概说

之职。史馆制度始粗具规模。

隋文帝时，诏魏澹、颜之推等人改撰《魏书》，并另诏撰《齐志》《齐史》和《周纪》，史馆修史开始有了分工。

史馆制度的最终形成是在唐太宗时代。《旧唐书·职官志》说：

> 历代史官，隶秘书省著作局，皆著作郎掌修国史。武德因隋旧制，贞观三年闰十二月，始移馆于禁中，在门下省北。宰相监修国史，自是著作郎始罢史职。

贞观三年（629）唐太宗改组了史馆，移史馆于皇帝直接控制的门下省，由宰相领导修史，并建立了相应的制度。

据史书记载，唐时史馆人员有宰相兼领的监修国史一人，史馆修撰、直馆各若干人，另有楷书手、典书、亭长、掌固、装潢匠、熟纸匠等各若干人。这说明当时史馆的组织已相当齐备完善，分工也很明确。

史馆人员的待遇也很好，"馆宇华丽，酒馔丰厚，得厕其流者，实一时之美事"（《史通·史官建置》），修史成了美差。史书修成后，还另有丰厚的赏赐，因而修史人员的积极性很高。唐初能完成多部正史的修撰，与史馆制度的完善不无关系。

这种史馆制度一直延续到清朝。凡新朝建立，照例都要为前朝修史，这成了新朝建国之初的一项重要工作。我国各朝代的正史得以延续不断，史馆制度功莫大焉。

3. 史的分类

两汉时,史书尚未单独标目,还附列于经部,尚无史部。《汉书·艺文志》即以史为经之附庸,列史于《六艺略》"春秋"之后。清人章学诚又有"六经皆史"之说,以六经与史等同。在古人心目中,史与经在早期似同为一物。

至魏晋时,史始独立成部。当时分图书为甲乙丙丁四部,列史于丙部,后升为乙部,遂成定式:甲经、乙史、丙子、丁集。

《隋书·经籍志二》分史部书为十三类:

> 正史、古史、杂史、霸史、起居注、旧事、职官、仪注、刑法、杂传、地理、谱系、簿录。

《新唐书·艺文志》也分为十三类,但与《隋志》有所不同:

> 正史、编年、伪史、杂史、起居注、故事、职官、杂传记、仪注、刑法、目录、谱牒、地理。

清《四库全书总目》则分史部书为十五类,其《史部总叙》说:

> 今总括群书,分十五类:首曰正史,大纲也;次曰编年,曰别史,曰杂史,曰诏令奏议,曰传记,曰史钞,曰载记,皆参考纪传者也;曰时令,曰地理,曰职官,曰政书,曰目录,皆参考诸志者也;曰史评,参考论赞者也。

第二章　史部概说

但《总叙》所列凡十四类,而《总目》所列于编年下另有纪事本末类,合十五类。《总叙》未列纪事本末,当为漏刻。

刘知幾《史通》则有史书六家之说:

> 《尚书》家,记言体;《春秋》家,记事体;《左传》家,编年体;《国语》家,国别体;《史记》家,通史纪传体;《汉书》家,断代纪传体。六家又概括为二体:编年体、纪传体。

各家分类多有不同。梁启超《中国历史研究法》又简分为四类:纪传、编年、纪事本末、政书。兹参照各家分类法,分为:

> 纪传体正史、编年体、国别体、纪事本末体、典制体、史评与学术史六类。

二、纪传体正史——二十四史简说（附《新元史》《清史稿》）

纪传体是我国史书的主要体例,开创者为西汉司马迁,《史记》就是第一部纪传体史书。

正史之说始见于南朝梁阮孝绪《正史削繁》,以纪传体史书为正史则始于唐初官修的《隋书·经籍志序》:

> 自是世有著述,皆拟班马(班固与司马迁),以为正史。

至乾隆时，又规定未经皇帝钦定的不
得列为正史，至此遂有二十四史之说。但
之前还曾有过三史、四史等说法。兹简说
如下：

司马迁像

三史——《史记》《汉书》《东观汉
记》。魏晋时合称。唐初以《后汉书》代
《东观汉记》。

四史——《史记》《汉书》《后汉书》
《三国志》。又合称前四史。

十史——《三国志》《晋书》《宋书》《南齐书》《梁书》《陈书》
《魏书》《北齐书》《周书》《隋书》。唐时合称。

十三史——前四史加《晋书》《宋书》《南齐书》《梁书》《陈书》
《魏书》《北齐书》《周书》《隋书》。唐时合称。

十七史——十三史加《南史》《北史》《新唐书》《新五代史》。
北宋时合称。

二十一史——十七史加《宋史》《辽史》《金史》《元史》。明时
合称。

二十二史——二十一史加《明史》。清初合称。

二十三史——二十二史加《旧唐书》。清乾隆时合称。

二十四史——二十三史加《旧五代史》。清乾隆时合称。

二十五史——二十四史加《新元史》。北洋政府时合称。

二十六史——二十五史加《清史稿》。民国时合称。其时也
有以《清史稿》替代《新元史》合称二十五史的。

第二章　史部概说

以下按前四史、两晋南北朝史、隋唐五代史、宋元明清史顺序简说。

1. 前四史

　　前四史指《史记》《汉书》《后汉书》和《三国志》。

　　《史记》是我国第一部纪传体正史，也是第一部有系统的通史。记事上起传说中的黄帝，下讫司马迁生活的汉武帝太初年间，上下三千年。全书一百三十篇，分为五个部分：本纪十二、表十、书八、世家三十、列传七十。共五十二万余字。

中华书局 1959 年版封面

　　司马迁在《史记》中，首先采用了本纪、表、书、世家和列传五种叙事体例来修史：以"本纪"按时间顺序记帝王之生平、政迹，述国家之政治、经济等大事；以"表"记历代世系、列国关系、职官更迭和各时期重大事件等；以"书"记典章制度、天文地理等；以"世家"记诸侯列国的兴衰和王侯外戚等特殊人物的历史；以"列传"记有事迹可传或有行状可叙的各类历史人物。

　　这种新创的体例为后来的官修史书所延续，成了正史的基本记事体例。因为这五种体例以"本纪"和"列传"为记事中心，后人就称之为纪传体。

　　《史记》的注本很多，最著者为宋裴骃《集解》、唐司马贞《索隐》和张守节《正义》，宋以后皆附刻于《史记》之中。

　　《汉书》也叫《前汉书》，东汉班固撰。我国第一部纪传体断代史,记西汉一代史实。与《史记》并称"史汉"。体例基本沿用《史记》而略有变化,略去"世家",变"书"为"志"。全书为四个部分:帝纪十二、表八、志十、列传七十。共一百篇,分为一百二十卷。记事上起汉高帝元年(前206),下讫王莽地皇四年(23),共二百三十年。书中所记与《史记》有重叠的汉初史事,多抄自《史记》。自《汉书》后,纪传体正史多为断代史。

《汉书》虽署名班固,实际此书始于其父班彪,原是作为《史记》续篇书写的,生前完成了《史记》后传六十五篇。班固是为赓续父志以完成父业而着手撰著此书的,但他生前也未能完稿,后由其妹班昭及马续补写才最终完成。如赵翼所说,《汉书》"经过四人手,阅三四十年始成完书"。

《汉书》注家也不少,最著者为东汉服虔、应劭的《音义》和唐颜师古《注》,也附刻于《汉书》之中。

《后汉书》是东汉的断代史,上起东汉光武帝,下讫汉献帝,共一百九十五年。体例又略有变化,分为三个部分:本纪十、列传八十、志三十。共一百二十卷。据《唐书·艺文志》所说,范晔《后汉书》成书之前已有谢承、薛莹、司马彪等七家写了《汉书》的续本,又有刘珍的《东观汉记》,范晔是"删取众书"而"为一家"的。今本《后汉书》,纪传的作者是南朝刘宋的范晔,唐李贤等注;志则取自晋人司马彪的《续汉书》,梁刘昭注。

《三国志》,晋人陈寿撰。这是一部纪传体国别史,为《魏志》《蜀志》《吴志》的总名。三志原各自为书,南朝宋以后始合为一种,称《三国志》,其中《魏志》《蜀志》《吴志》改称《魏书》《蜀书》《吴书》。《三国志》成书早于《后汉书》,原为继承《史记》与《汉书》而作。所记为魏、蜀、吴三国鼎立时期的史事,凡六十五卷,其中《魏书》三十(帝纪四、列传二十六)、《蜀书》十五(列传)、《吴书》二十(列传)。记事上起魏文帝黄初元年(220),下讫晋武帝太康元年(280),共六十一年。全书只有帝纪和列传,没有表、志,因为材料不足。二十四史中称"志"者只有《三国志》,而实际却是名"志"而无"志"。《三国志》文字也很简略,后裴松之为之作注。裴家一门史学,其子裴骃作《史记集解》,曾孙裴子野作《宋略》。裴松之注《三国志》为奉宋文帝之命而作,他"鸠集传记,增广异闻,既成奏上。上善之,曰:'此为不朽矣!'"(《宋书·裴松之传》)裴注补充史料,或记同一件事而条列异说,或引事实以纠正原文之误,或引史料补充原文之简,或补原文未曾提及之缺漏。裴注的史料价值很高,以至有学者以为后世之所以重视《三国志》,"实在是重视裴松之的注"(谭正璧《国学概论新编》)。

2. 两晋南北朝史

这一时期的正史有十一部:《晋书》《宋书》《南齐书》《梁书》《陈书》《魏书》《北齐书》《周书》《隋书》《南史》《北史》。

《晋书》,记载两晋历史的断代史,全书一百三十卷:帝纪十、志二十、列传七十、载记三十。记事上起晋武帝泰始元年(265),下讫晋恭帝元熙二年(420),共一百五十六年的史事。"载记"是《晋书》在体例上的创新,记载了十六国割据政权的兴亡。

《晋书》是我国第一部官修史书。前四史皆为私人所修,自《晋书》之后,正史多为官修。这是我国修史性质的一个重大转变。《晋书》的署名作者为房玄龄,实际是集体撰写,其中还有唐太宗李世民为《宣帝纪》《武帝纪》《陆机传》和《王羲之传》所写的"论赞"，旧本曾题"唐太宗文皇帝御撰"。这在正史中是绝无仅有的。

《宋书》，南朝刘宋的断代史，南朝梁沈约奉诏撰。沈约历仕宋、齐、梁三朝，齐永明五年（487）时受命撰写。《宋书》一百卷：本纪十、志三十、列传六十。记事上起宋武帝永初元年（420），下讫宋顺帝升明三年（479），共六十年的历史。

《南齐书》，南朝齐的断代史，原名《齐书》，宋以后为与《北齐书》区别而改称《南齐书》，南朝梁萧子显奉敕修撰。全书原六十卷，今存五十九卷：本纪八、志十一、列传四十。记事自宋顺帝升明三年（479）刘宋被灭，至齐和帝中兴二年（502），仅二十四年的历史。萧子显是齐高帝萧道成的孙子，所以书中对其先祖极尽回护与夸饰。

《梁书》，南朝梁的断代史，唐初姚思廉奉诏修撰。全书五十六卷：本纪六、列传五十。记事自梁武帝天监元年（502）至梁敬帝太平二年（557），共五十六年的史事。

《陈书》，南朝陈的断代史，唐初姚思廉奉诏修撰。全书三十六卷：本纪六、列传三十。记事自陈武帝永定元年（557）至陈后主祯明三年（589），共三十三年的史事。

《梁书》和《陈书》原是姚思廉之父姚察在隋文帝时奉命修撰的，书未完成姚察就去世了，姚思廉子承父业，在唐初继续奉命修撰方始完成。书虽署名姚思廉，其实凝聚了父子两代的心血，卷末之"史臣曰"，《梁书》就多署为"陈史部尚书姚察曰"。

《魏书》，北朝魏的断代史，记录了鲜卑贵族政权从北魏到东、

第二章 史部概说

西魏的兴衰史，北齐时魏收奉诏修撰。全书一百三十卷：本纪十二、列传九十八、志二十。记事自北魏道武帝拓拔珪登国元年（386），至东魏孝静帝武定八年（550），共一百六十五年。

《北齐书》，北朝东魏至北齐的断代史，唐初李百药奉诏修撰。全书五十卷：帝纪八、列传四十二。记事自北魏永熙三年（534）北魏分裂为东、西魏始，经东魏孝静帝武定八年（550）北齐代东魏，至北齐幼主承光元年（577）止，共四十四年的史事。

《周书》，北朝西魏至北周的断代史，唐初令狐得棻（fēn）受诏撰写。全书五十卷：帝纪八、列传四十二。记事自西魏文帝大统元年（535）始，经西魏恭帝四年（557）北周代西魏，至北周静帝大定元年（581）隋灭北周止，共四十七年的史事。

《隋书》是第一部出自史馆众人之手的断代正史，由魏徵监修，宰相房玄龄为总监，参加者有颜师古、孔颖达、许敬宗、长孙无忌等，都是一流的史家。全书八十五卷：帝纪五、志三十、列传五十。记事自隋文帝开皇元年（581）至隋恭帝义宁二年（618），共三十八年的史事。《隋书》与《梁书》《陈书》《北齐书》《北周书》原是一部书，总称《五代史》，后来才分为五种独立的单行本。

《南史》是南朝宋、齐、梁、陈四个朝代的通史，唐初李延寿撰。此书在宋、齐、梁、陈四史的基础上删繁就简而成，凡八十卷：本纪十、列传七十。记事始于宋武帝永初元年（420），讫于陈后主祯明三年（589），总计南朝一百七十年的历史。

《北史》是北朝魏、北齐、北周、隋四个朝代的通史，唐初李延寿撰。此书在魏、北齐、周、隋四史的基础上删削而成，凡一百卷：本纪十二、列传八十八。记事始于北魏道武帝登国元年（386），讫于隋恭帝义宁二年(618),总计北朝二百三十三年的历史。

《南史》和《北史》的修撰始于李延寿之父李大师。李大师在南北分裂局面结束后即着手撰写编年体南北朝史,然未能完成而谢世。李延寿子继父业,历时十六年才最终完稿,但把父亲原先的编年改成了纪传,遂与正史体例一致。

3. 唐五代史

这一时期的正史有四部:《旧唐书》《新唐书》《旧五代史》《新五代史》。

《旧唐书》原名《唐书》,《新唐书》问世后始更名《旧唐书》。这是现存最早的系统记录有唐一代历史的史书,但成书仓促,比较粗糙。后晋张昭远、贾纬等人奉诏撰修,宰相刘昫(xù)监修。今署名刘昫,其实刘昫并未出力撰写。全书二百卷:本纪二十、志三十、列传一百五十。记事自唐高祖武德元年(618)至唐哀帝天祐四年(907),共二百九十年的历史。

《新唐书》是为弥补《旧唐书》的粗陋而重新修撰的。宋仁宗以《旧唐书》"卑弱浅陋"而下诏命宋祁、欧阳修重修,历时十七年。全书二百二十五卷:本纪十、志五十、表十五、列传一百五十。《新唐书》是自《史记》《汉书》以来体例最完备的正史,纪、传、表、志俱全,对后来的修史有相当影响。《新唐书》的"志"特别完备,还新创了《选举志》《兵志》和《仪卫志》等,都为后来的正史所沿用。在修史技巧上,也比《旧唐书》严谨简洁。但《新唐书》有时也失之过简,删削了不少可贵的史料。从这个意义上说,新旧《唐书》各有优劣,不能偏废。

《旧五代史》原名《五代史》，也叫《梁唐晋汉周书》，后为与《新五代史》区别而改称《旧五代史》。宋薛居正奉诏监修，只用了一年半的时间就完稿了。全书一百五十卷：本纪六十一、列传七十七、志十二。记事自唐哀帝天祐四年（907）朱温建立后梁称帝始，至赵匡胤代周建宋称帝（960）止，共五十四年的历史。

《旧五代史》仿《三国志》体例，一国一史，按五代断代为书：梁书二十四、唐书五十、晋书二十四、汉书十一、周书二十二，另有世袭列传二、僭伪列传三、外国列传二，合一百三十八卷，加上志十二，凡一百五十卷。《旧五代史》可视为半断代史体裁，北宋时与《新五代史》并行于世，后散佚无闻。今本《旧五代史》辑录自《永乐大典》，已非原本。今人陈尚君有辑补本《旧五代史新辑会证》问世。

《新五代史》原名《五代史记》，北宋欧阳修撰，为宋以后唯一一部私人撰写的正史。全书七十四卷：本纪十二、列传四十五、考三、十国世家及十国世家年谱十一、四夷附录三。欧阳修仿《史记》体例，综合五代的纪传于一体，按时间先后编排，变半断代史为通史，并恢复世家以记载南北十国的史事；又仿《春秋》笔法，注重遣词用字以褒贬人物，且多以"呜呼"发表议论以卫道，而叙事相对简略，多语焉不详。史料价值不如《旧五代史》。所以在正史中，新旧《五代史》并存互补。

4. 宋元明清史

这一时期的正史有五部：《宋史》《辽史》《金史》《元史》《明

史》。另有《新元史》《清史稿》两部。

《宋史》是正史中卷数最繁多的一部，凡四百九十六卷：本纪四十七、志一百六十二、表三十二、列传二百五十五。记事自宋太祖建隆元年（960）至宋赵昺祥兴二年（1279），共三百二十年的历史。元顺帝时宰相脱脱挂名都总裁官。此书卷帙浩繁，却在不到三年的时间里就修撰成书，编写很匆促，对史料缺乏剪裁，向有繁芜杂乱之称，但也因此保留了不少史料，为史家所看重。记事多平铺直叙，详略不一，大体是详于北宋而略于南宋。

宋以前的断代正史皆仿《汉书》以"书"命名，但宋朝史书若再以"书"命名就与南北朝时的《宋书》同名了，而这两者又不能以"前""后"或"新""旧"来区分，于是就改"书"为"史"，称《宋史》。宋以后的断代正史，也因此都改称"史"。宋以前凡称"史"者，都是仿《史记》的通史。

《辽史》是记录我国北方契丹贵族建立辽政权的一段历史，也由脱脱挂名主持修撰。全书一百一十六卷：本纪三十、志三十二、表八、列传四十五、国语解一。记事始于辽太祖耶律阿保机称帝（907），讫于辽天祚帝耶律延禧保大五年（1125），共二百一十九年的历史。

《金史》是记录我国北方女真贵族建立金政权的一段历史，也由脱脱挂名主持修撰。全书一百三十五卷：本纪十九、志三十九、表四、列传七十三。记事始于辽天庆五年（1115）金太祖完颜阿骨打建金称帝，讫于金哀宗开兴三年（1234），共一百二十年的历史。

《元史》是正史中修撰最草率的。明初宋濂奉诏出任总裁，前后不到一年的时间就完成了,因而草率疏漏之处甚多。全书二百一十卷:本纪四十七、志五十八、表八、列传九十七。记事自元太祖成吉思汗在南宋开禧二年(1206)被推为蒙古大汗建立蒙古帝国始,至元顺帝至正二十八年(1368)为朱元璋所灭止,共一百六十三年的历史。

《明史》是二十四史的最后一部,也是修撰时间最长的一部。顺治二年(1645)设立明史馆准备修史,康熙十八年(1679)开始纂修,至雍正元年(1723)完稿,题为《明史稿》,乾隆四年(1739)最后定稿于张廷玉,前后历时近百年。这是修史史上绝无仅有的。修撰质量在唐以后的官修正史中名列前茅。《明史》的卷数仅次于《宋史》,凡三百三十二卷:本纪二十四、志七十五、表十三、列传二百二十。记事自明太祖朱元璋洪武元年(1368)始,至明毅宗崇祯十七年(1644)终,共二百七十七年的历史。

《新元史》是近代人柯劭忞(mín)为弥补《元史》之不足而著,独立完成于1920年。1921年北洋政府大总统徐世昌下令列入正史,遂有"二十五史"之称。全书二百五十七卷:本纪二十六、表七、志七十、列传一百五十四。记事始于元太祖元年(1206),讫于元顺帝子昭宗八年(1378),共一百七十三年的历史。此书1930年曾由开明书店铸版出修订本。2018年又由上海古籍出版社出版新整理本,此为《新元史》的第一个点校本。

《清史稿》是最后一部纪传体断代史。民国三年(1914),袁世凯政府以前清大臣赵尔巽为清史馆馆长,主持编修清史,1927年编成初稿后,于次年匆忙赶印发行,但未被列入正史。因体例同正史,故也有"二十六史"之说。全书五百二十九卷:本纪二十五、志一百三十五、表五十三、列传三百一十六。记事自清太祖努尔哈赤至宣统溥仪,共二百九十余年的历史。

这部书稿问题较多。首先是编者写清史的立场还是站在清王朝一边,所以出版后就被人呈请列为禁书;其次是书稿成于众手,彼此照应不够,体例不一,繁简失当;再次是完稿后未经仔细核改,刊行时又未认真校对,以致错误不少。但如邓云乡先生所说,"《清史稿》在发行之初,刊有《发刊缀言》,其中说:'乃大辂椎轮之先导,并非视为成书也。'所以稿是稿,成书是成书,二者是不同的。"(《云乡话书·〈清史稿〉琐谈》)所以《清史稿》是允许有错误的,因为它原就是"稿",不是"成书"。虽说错误不少,但编者能把大量资料汇集起来作了初步整理,今天依然有很重要的参考价值。

1949年后有过几次重修清史的设想,1965年曾组织清史编修委员会,但次年即因"文革"起而罢。2002年8月又重启纂修清史的工程,由戴逸领衔主修,预计十年,也就是2012年完成;但如今将近二十年了,还未杀青。《清史》的主体据说将多达九百二十卷,约三千万字,字数为《清史稿》的四倍左右。邓云乡先生二十世纪末曾感叹:"七十多年过去了,何时才能见'成书'呢?恐怕只有待于下世纪了。"如今"下世纪"也已过去了二十年,但愿《清史稿》出版百年之际能见到"成书"。

二十四史整理本的出版,始于1959年首先面世的由顾颉刚先生等分段标点的《史记》。至1978年,二十四史以及《清史稿》的整理本全部出版,历时二十年。

近三十年之后的 2006 年 4 月,二十四史及《清史稿》又开始了新一轮新版点校本的修订工作,被认为是二十四史问世以来的第一次"大修"。七年之后的 2013 年,新版《史记》修订本首先面世。接着是 2015 年新版《旧五代史》《新五代史》修订本面世,2016 年新版《辽史》修订本面世,2017 年新版《魏书》和《南齐书》修订本面世,2018 年新版《宋书》和《隋书》修订本面世,2019 年新版《金史》修订本面世,2020 年新版《梁书》修订本面世。至此已陆续出版了十部正史的新版修订本,尚有十四部还在整理之中。

附:二十四史修撰者与注者一览

《史记》　　　西汉司马迁撰　南朝宋裴骃集解　唐司马贞索隐　唐张守节正义

《汉书》　　　东汉班固撰　唐颜师古注

《后汉书》　　南朝宋范晔撰　唐李贤等注

《三国志》　　晋陈寿撰　南朝宋裴松之注

《晋书》　　　唐房玄龄等撰

《宋书》　　　南朝梁沈约撰

《南齐书》　　南朝梁萧子显撰

《梁书》　　　唐姚思廉撰

《陈书》　　　唐姚思廉撰

《魏书》　　　北齐魏收撰

《北齐书》　　唐李百药撰

《周书》　　　唐令狐德棻撰

《隋书》　　　唐魏徵等撰

《南史》　　　唐李延寿撰

《北史》　　　唐李延寿撰

《旧唐书》　　后晋刘昫等撰

《新唐书》　　宋欧阳修等撰

《旧五代史》　宋薛居正等撰

《新五代史》　宋欧阳修撰

《宋史》　　　元脱脱等撰

《辽史》　　　元脱脱等撰

《金史》　　　元脱脱等撰

《元史》　　　明宋濂等撰

《明史》　　　清张廷玉等撰

另：《新元史》　　民国柯劭忞撰

　　《清史稿》　　民国赵尔巽等撰

三、编年体

编年不同于纪传，明焦竑(hóng)《国史·经籍志》说：

> 编年者，以事系年，详一国之治体，盖本左氏；纪传者，以人系事，详一人之事迹，盖本史迁。

编年体史书不是按人物而是按时间即年月先后记载历史的一种体裁。这种体裁早于纪传，如《春秋》《左传》《竹书纪年》等，

《隋书·经籍志》称为古史,以区别于正史的纪传。编年体史书有影响的是如下几部。(《春秋》和《左传》已在经部作了介绍,此从略)

1.《竹书纪年》

《竹书纪年》以编年体写于竹简上而得名,作者已无法考证。此书于晋武帝太康二年(281)因盗墓而出土面世,当时的学者束皙(xī)曾参与整理而留下了一些记载。《晋书·束皙传》记载说:

> 初,太康二年,汲郡人不准盗发魏襄王墓(或言安釐王冢),得竹书数十车。其《纪年》十三篇,记夏以来至周幽王为犬戎所灭,以事接之,三家分(晋),仍述魏事,至安釐王之二十年。盖魏国之史书,大略与《春秋》皆多相应。

汲郡有个叫不准的人盗掘魏墓,发掘了几十车竹书,其中有《纪年》十三篇。这是一部完成于战国末年的魏国史书,所记为夏朝以来直至安釐王二十年间的史事。因为是书写在竹简上的编年体史,后人就称之为《竹书纪年》。晋武帝时曾命学者重新编排次第,以当时通行文字抄成定本,束皙也参与了。

此书与传统的记载多有不同,是研究古史的重要资料。只是晋代这个整理本,宋以后多有亡佚,清代学者钱大昕认为,"今本之《竹书》,乃宋以后人所伪托,非晋时所得之本也"(《十驾斋养新录·竹书纪年》)。今本《竹书纪年》是一部以辑佚重编本冒充古本的伪书,非当初的原本。

2.《汉纪》与《后汉纪》

《汉纪》又名《前汉纪》,为东汉荀悦所作,《春秋》《左传》之后第一部编年体断代史书,编于东汉末年汉献帝时。汉献帝以《汉书》"文繁难省"而"命荀悦撮其书为编年体,依《左传》著《汉纪》三十篇"(《史通·六家》)。

《汉纪》是荀悦受汉献帝之命编写的,方法是把班固《汉书》的材料经过剪裁,按年月顺序编排在帝纪之中,以厘清事情的脉络,方便阅读。此书对后人影响很大,甚受赞誉和取法,"历代保(或作褒或宝)之,有逾本传"(《史通·二体》)。梁启超认为该书是"现存新编年体之第一部书也"(《中国历史研究法》)。这是具有里程碑意义的一部新编年体断代史。因为自此之后,编年体也断代作纪,与纪传体正史"各有其美,并行于世"(《史通·二体》)。

《后汉纪》,东晋袁宏所作。《汉纪》之后又一部著名的断代编年史。《后汉纪》的编写体例与《汉纪》同,但也有创新,为后世所重。"世言汉中兴作史者,惟袁范二家"(《史通·正史》)。袁宏的《后汉纪》与范晔的《后汉书》,一为编年一为纪传,同为研究后汉史的重要史籍,但《后汉纪》成书早《后汉书》几十年,史料价值似更高些。

《汉纪》与《后汉纪》对汉隋之际断代编年史的发展起到了促进作用,其后有孙盛的《魏春秋》,习凿齿的《汉晋春秋》,干宝、徐广的《晋纪》,裴子野的《宋略》,吴均的《齐春秋》,何之元的《梁典》等,但现存者仅《汉纪》与《后汉纪》。

3.《资治通鉴》及其续补之作

司马光像

《资治通鉴》,宋司马光主编,是《左传》之后影响最大的一部编年体通史巨著,记载了上起战国三家分晋(前403),下讫五代后周世宗显德六年(959),共一千三百六十二年间的重要史事。自英宗治平三年(1066)司马光奉诏作书始,至神宗元丰七年(1084)书成,前后历时十九年。司马光自述撰写此书的选材宗旨是"专取关国家盛衰,系生民休戚,善可为法,恶可为戒者",以便"监前世之兴衰,考当今之得失,嘉善矜恶,取是舍非"。宋神宗则以"鉴于往事,有资于治道"而赐名《资治通鉴》,并亲为作序,以为有助于国君之治国。

中华书局 1956 年版封面　　　　《资治通鉴》书影

　　《资治通鉴》之后有许多续补之作：续前的有与司马光同时的刘恕《通鉴外纪》十五卷，元人金履祥《资治通鉴前编》十八卷，补叙上古至周威烈王二十二年间事；续后最重要的是清人毕沅《续资治通鉴》，二百二十卷，叙宋初至元末一段史事，也是通史。

　　其他还有断代的，如：宋人李焘《续资治通鉴长编》五百二十卷，单叙北宋史事；宋人李心传《建炎以来系年要录》二百卷，专叙宋高宗一朝；明末清初有谈迁《国榷》，以及清人陈鹤《明纪》和夏燮《明通鉴》，皆记有明一代三百年史事。

4.《资治通鉴纲目》

　　《资治通鉴纲目》五十九卷，为宋朱熹所撰。这是第一部纲目体史书。所谓纲目体，是一种节录形式的编年体。朱熹有感于《资治通鉴》卷帙浩繁不便阅读而首创此纲目体。他仿《春秋》经文，以大字提要为纲；又仿《左传》之释经，以小字叙事为目。每论一

第二章　史部概说

事，都有提纲，非常方便阅读。《通鉴纲目》其实就是《资治通鉴》的简编本，后人把它和《资治通鉴》合称为"两《通鉴》"。纲目体一度很盛行，成了编年体的一个分支。

5. 起居注

起居注就是皇帝的言行录，为史官以编年形式记录皇帝言行的原始史料，虽非严格意义上的"史"，却是官方修史的重要依据。

《汉书·艺文志》："古之王者，世有史官，君举必书，所以慎言行，昭法式也。"这可以视为史官撰起居注之滥觞。至西汉武帝时，已有《禁中起居注》的名目，东汉时也有《明帝起居注》等，但其时尚无专职记事官，只是宫内修撰，"为女史之职"。魏晋后始有著作郎负责撰写，隋时始设专官职掌起居注，按日记载。以后历代皇帝都延续了这一制度。

起居注的本意，按《汉书·艺文志》的说法，是为了使君王"慎言行，昭法式"。为了保证记录的真实性，起居注是绝密的，皇帝本人也不能看。《资治通鉴》卷一百九十六记载了一段唐太宗被拒绝看起居注的故事：

（贞观十六年）夏，四月，壬子，上谓谏议大夫褚遂良曰："卿犹知起居注，所书可得观乎？"对曰："史官书人君言动，备记善恶，庶几人君不敢为非，未闻自取而观之也！"上曰："朕有不善，卿亦记之邪？"对曰："臣职当载笔，不敢不记。"黄门侍郎刘洎曰："借使遂良不记，天下亦皆记之。"上曰："诚然。"

　　但这种制度在宋以后遭到致命破坏——皇帝本人也要过目起居注了。如此一来,史官的忌讳就多了起来,难以"备记善恶",起居注的真实性就大打折扣,只能沦为虚应故事了。

　　自汉至唐,历代起居注不少,但如今已所存无几。1983年上海古籍出版社出版了温大雅《大唐创业起居注》的点校本,这是如今为数不多的幸存之本。全书凡三卷,所记自隋大业十三年五月至武德元年五月,也就是从李渊太原起兵到建唐称帝共三百五十七天的史事。作者是李渊大将军府记室参军,专掌文翰,所记皆其亲历或耳闻目睹,是难得的第一手资料,翔实而可靠,有较高的史料价值。

6. 实录

　　实录是关于皇帝的编年体大事记或编年史长编,是以编年方式对前朝皇帝政务大事的如实记录,所根据的就是前朝皇帝的起居注等。据《隋书·经籍志》记载,南北朝时已有记梁武帝事的《梁皇帝实录》和记梁元帝事的《梁皇帝实录》。唐以后,实录逐渐成为定制。每一个新君即位,都要为前朝皇帝修实录。

　　实录不是印本,只是抄本,而且只有一本存于宫中,属机密文本。原草稿本于抄本修成后即予焚毁,所以历代的实录大都已亡佚。据统计,历代实录有一百一十六部,今所存最早的是韩愈的《顺宗实录》,还有宋代《太宗实录》残本,此外比较完整的就是《明实录》和《清实录》。

　　《明实录》是明代官修的编年体史料长编,五百册,二千九百二十五卷,收录了明太祖至明熹宗十三朝的实录,另有末代崇祯朝的辑补本。《清实录》是清代官修编年体史料长编,规模更大,收录清太祖至清德宗十一朝的实录,及末代皇帝《宣统政纪》三十册,计一千二百二十册。另有蒋良骐《东华录》三十二卷和王先谦《东华续录》二百三十卷等。

明清两朝由于禁忌多,史官害怕犯忌,难以照实"备记善恶",再加上有的史官缺乏史德,所以实录常常不实。而明清两代为了加强对文化的控制,后代皇帝甚至还可以修改前朝的实录,如《明太祖实录》为讳饰朱棣的非法得位竟修改了三次,这就更使实录失真,给后人留下了许多疑案。

四、国别体

1.《国语》

《国语》为先秦时古史,属杂史类史书,为国别体史书的首创之作。因其体例为分国记事而称国别体。后来晋陈寿《三国志》、北魏崔鸿《十六国春秋》、清吴任臣《十国春秋》等,都是这种国别体的发展。

《国语》的作者历来有争议,《四库全书总目》说:

> 《国语》出自何人?说者不一,然以汉人所说左丘明为近。

司马迁在《太史公自序》中说:"左丘失明,厥有《国语》。"又在《报任安书》中说:"及如左丘无目,孙子断足,终不可用,退而论书策,以舒其愤。"班固在《汉书·司马迁传赞》中也说:"孔子因鲁史记而作《春秋》,而左丘明论辑其本事以为之《传》,又纂异同为《国语》。"

现在一般把著作权归于左丘明。左丘明既是《左传》的作者,也是《国语》的作者。前人认为《国语》是左丘明在完成传注《春秋》的《左传》后,用剩余材料另外编就。两书都与《春秋》有关,可以互相参证,所以有人就把《左传》称为《春秋内传》,而把《国语》称为《春秋外传》。

《国语》二十一卷,按国别记载八国史事,分为:周语三、鲁语二、齐语一、晋语九、郑语一、楚语二、吴语一、越语二。其中晋语最多,接近全书的一半,有人因此而称《国语》为《晋史》。

《国语》记事上起西周穆王征犬戎(约前967),下至韩、赵、魏灭智伯三家分晋(前403),前后五百多年的史事。但略于记事而详于记言,这是《国语》的特色。

《国语》的文字比较难读,前人多有注者,如郑众、贾逵。三国时吴国韦昭的注本是现存最早的,保留了已亡佚的郑众等多家注本的片断。

2.《战国策》

《战国策》是战国时各国谋臣策士游说辩难的言行辑录,也属杂史类史书范畴。原先有多种不同名称,如《国策》《国事》《事语》《短长》《长书》《修书》。原书错简和残缺很多,西汉刘向奉命整理,按国别归类相关材料,定名《战国策》。他在《战国策·书录》中说:

臣向以为战国时,游士辅所用之国,为之策谋,宜为《战国策》。

　　经刘向整理后的《战国策》共三十三篇,分为十二国,高诱曾为之注。这是古本。古本流传至北宋已有散佚,曾巩为之校补编订,是为今本。今本凑足了古本的三十三篇,其目为:西周策一、东周策一、秦策五、齐策六、楚策四、赵策四、魏策四、韩策三、燕策三、宋卫策一、中山策一。

　　《战国策》事接《春秋》,自周贞定王十六年(前 453)韩、赵、魏灭智伯三家分晋始,至秦统一六国(前 221)止,共二百三十三年史事。书中所记策士之辞令与雄辩,历来为后人所激赏,但所记策士之作用,常不免夸大失实。

五、纪事本末体

　　南宋时出现的一种新的史书体裁。这种体裁不同于纪传体的以人为主,也不同于编年体的以时间为主,而是以事件为主的新的记事方法,在我国古代史书中与编年体、纪传体鼎足而三。虽然这种史书只是对编年体或纪传体史书的改写和抄辑,并无很高的史料价值,但在史学方法上,却创立了一种新的体裁。以事件为叙述中心,眉目清楚,既避免了编年体一件事情相隔几卷,难以理清首尾的缺陷,也避免了纪传体一件事情在多人的纪或传中重复出现的不足,所以前人认为这种新体裁的优点是“文省于纪传,事豁于编年”(章学诚《文史通义·书教下》)。这个评价是符合实际的。

1.《通鉴纪事本末》

这是我国第一部纪事本末体史书,宋袁枢撰。全书四十二卷,二百三十九目,一目记一事,另有附录六十六事,合计三百零五事。

袁枢创制以事件为中心的记事方式,把《资治通鉴》一千三百六十二年的治乱兴衰之迹,梳理为三百零五件大小史事,极大地方便了阅读。《四库全书总目》称赞说:

> 经纬明晰,节目详具,前后始末,一览了然,遂使纪传、编年贯通为一,实前古之所未见也。

此书写成之后即风行于世,明清两代模仿的续补之作继起不绝。我国从远古直到清末的历史,也可以通过纪事本末类史书把它们全部连贯起来。

2.《宋史纪事本末》

明陈邦瞻撰。全书一百零九卷,记叙了宋代三百余年的历史。据《四库全书总目》说,此书为陈邦瞻受嘱为完成冯琦遗稿而作:

中华书局 1977 年版封面

> 初,礼部侍郎临朐冯琦,欲仿《通鉴纪事本末》例,论次宋事,分类相比,以续袁枢之书,未就而没。御史南昌刘曰梧得其遗稿,因属邦瞻增订成编。

实际上其中还有南京侍御史沈越的《事纪》未完稿,陈邦瞻是合此二书增订为一编的。陈邦瞻的增订补葺约占全书的十分之七。

为《宋史》作纪传本末难于《通鉴》。因为《通鉴》为编年体,且出自名家,作纪事本末有脉络可寻,只需按原书顺序抄录即可,相对较易;《宋史》则不然,原书卷帙庞大,且编写粗疏,是二十四史中最为芜杂的,加上纪传体书一事之脉络散见于纪、传乃至志、表中,须遍阅才能得其眉目,所以费力甚巨,编次相对艰难。冯、沈之作皆未能完稿,或许也与此有关。

3.《元史纪事本末》

明陈邦瞻撰。全书二十七卷。此书据《元史》与商辂《通鉴纲目续编》等改写,但内容比较简略。陈邦瞻撰宋元两朝纪事本末体史书,详于宋而略于元,原因在于他把宋亡之前的元代史事划归宋编,又认为明建立之后的史事理属明史,所以言元事过于简略。但是对关系到统治阶级成败的有关事件和制度,尤其是与明代有关联的问题,还是比较着重记述的。如科举、学校、大运河、历法等,这些都是明代承受于元代的,书中都有较详细的记载。

4.《明史纪事本末》

清谷应泰撰。全书八十卷,补遗六卷,补编五卷。始自明太祖朱元璋起兵(1352),讫于李自成进京崇祯殉难(1644),明朝的大事基本完备。每一卷之后都附有"谷应泰曰"的史论。但此书成于《明史》刊印之前,多取材野史、杂史,故记事与《明史》多有不合。

5.《左传纪事本末》

清高士奇撰。全书五十三卷。此书以南宋章冲《春秋左氏传事类始末》为基础扩展编撰，以列国史事分列专题记述而自成本末。正文之后另附补逸、考异、辨误、考证、发明，是作者参考《公羊传》《穀梁传》《国语》《史记》以及其他先秦两汉典籍后，对史实所作的补充、考订和解释。篇末还附有"臣士奇曰"的史事评论，概括介绍了各篇的内容，也有助于读者对史事的了解。《四库全书总目》认为此书：

> 大事必书，而略于其细，部居州次，端绪可寻，与冲书相较，虽谓之后来居上可也。

6.《左传事纬》

清马骕撰。全书十二卷，一百零八目。这也是一部把《左传》改写为纪事本末体的史书。马氏好学，毕生研究经史，尤酷爱《左传》。此书以时间为序，把《左传》所记二百多年史事编成一百零八个历史事件，每篇之后还列有史评，多有给人以启迪的独到见解。

马氏另有本末体的《绎史》一百六十卷，记太古至秦末间史事。

此外，纪事本末体史书还有：

清张鉴所撰《西夏纪事本末》三十六卷，

清李有棠所撰《辽史纪事本末》四十卷、《金史纪事本末》五十二卷，清杨陆荣所撰《三藩纪事本末》四卷二十二目，近人黄鸿寿所撰《清史纪事本末》八十卷。

六、典制体——政书

典制体是指历代有关典章制度方面的史书。《四库全书总目》称为"政书"，"以国政朝章六官所职者，入于此类"；隋唐志书中称为"旧事"或"故事"。如果推源，则是《史记》"书"和《汉书》"志"的沿袭；若再上推，那就是《尚书》了。《尚书》是典制体史书之源。梁启超《中国历史研究法》说：

> 纪传体中有书志一门，盖导源于《尚书》，而旨趣在专纪文物制度。

典制体是正史"书"或"志"以外专讲典章制度的书，既有贯通古今典制的专书如《通典》之类，也有分类编纂一朝典制的如各朝会要，还有把典制文件汇编成册的各朝会典，以及专讲某一方面制度的档案类书籍如《唐律疏议》等。以下择要简说。

1. "三通"

"三通"指《通典》《通志》和《文献通考》。

（1）《通典》

唐杜佑撰。全书二百卷。我国第一部记载历代典章制度沿革

变迁的通代典制体专书,内容翔实。《四库全书总目》说:

> 考唐以前之掌故者,兹编其渊海矣。

杜佑综合历代史志中有关典章制度的资料,分门别类,上下会通,保存了自上古至唐代宗(727—779)时期历代典制沿革的许多史料,尤其对唐代的制度叙述特别详尽,开辟了一条史书编纂的新途径。

梁启超认为典章文物制度"贵在会通古今,观其沿革",而历代的史书却难以做到。他说:

> 各史既断代为书,乃发生两种困难:苟不追叙前代,则源委不明;追叙太多,则繁复取厌。况各史非皆有志,有志之史,其篇目亦互相出入。遇所阙遗,见斯滞矣。于是乎有统括史志之必要。其卓然成一创作以应此要求者,则唐杜佑之《通典》也。(《中国历史研究法》)

《通典》是一部开创性的会通古今典章制度的史学著作。全书二百卷,分为食货十二、选举六、职官二十二、礼一百、乐七、兵刑二十三(甲兵十五、五刑八)、州郡十四、边防十六等八个门类。历来史书中的"书""志"多以礼乐或律历、天文、礼仪等居首,《通典》却以食货为首,这在以前的史书中从未有过,反映了杜佑重视经济的史学思想。他在自序中阐述了以食货为首的理由:

第二章 史部概说

夫理道之先,在乎行教化;教化之本,在乎足衣食。《易》称聚人曰财。《洪范》八政,一曰食,二曰货。《管子》曰:"仓廪实,知礼节;衣食足,知荣辱。"夫子曰:"既富而教。"斯之谓矣。……是以食货为之首,选举次之,职官又次之,礼又次之……

　　足衣足食是教化的基础。国以民为本,民以食为天,讲礼乐礼仪不能离开实际生活。这是杜佑比其他史学家高明的地方。

　　(2)《通志》

　　南宋郑樵撰。全书二百卷。这是一部上古至隋的纪传体通史,也是一部综合历代史料而成的通代典制体专书。分为帝纪十八、皇后列传二、年谱四、略五十一、列传一百二十五等五个部分。《通志》之纪传所占篇幅很大,所以《四库全书总目》列于"别史类"。但纪传大多删录自旧史,并无多少参考价值,有价值的是五十一卷"略"。《四库全书总目》说:

　　　　其平生之精力,全帙之菁华,惟在二十略而已。

　　梁启超说:

　　　　吾侪读《通志》一书,除二十略外,竟不能发见其有何等价值。……樵虽抱宏愿,然终是向司马迁圈中讨生活。松柏之下,其草不殖,樵之失败,宜也。然仅二十略固自足以不朽。

史界之有樵,若光芒竟天之一彗星焉。(《中国历史研究法》)

兹录其二十略之目与卷数如下:氏族六、六书五、七音二、天文二、地理一、都邑一、礼四、谥一、器服二、乐二、职官七、选举二、刑法一、食货二、艺文八、校雠一、图谱一、金石一、灾祥一、草木昆虫二。

其中"氏族、六书、七音、都邑、草木昆虫五略,为旧史之所无"(《四库全书总目》)。此五略为郑樵首创,其他则多抄录自《通典》等书。

(3)《文献通考》

简称《通考》,元马端临撰。这是一部通代典制体专书,记载了上古至宋宁宗时期历代的典制沿革。全书三百四十八卷,分为二十四个门类:田赋七、钱币二、户口二、职役二、征榷六、市籴二、土贡一、国用五、选举十二、学校七、职官二十一、郊社二十三、宗庙十五、王礼二十二、乐二十一、兵十三、刑十二、经籍七十六、帝系十、封建十八、象纬十七、物异二十、舆地九、四裔二十五。

关于书名,马氏自序称"引古经史谓之'文',参以唐宋以来诸臣之奏疏、诸儒之议论谓之'献'",所以称之为《文献通考》。

此书的编纂方法和分类多因袭《通典》,但内容更丰富。《通典》典制的叙述止于唐中叶,《通考》则止于宋,关于宋朝的典制制度记载得很详备。

《四库全书总目》的评价是:

大抵门类既多，卷繁帙重，未免取彼失此。然其条分缕析，使稽古者可以案类而考。又其所载宋志最详，多《宋史》各志所未备。案语亦多能贯穿古今，折衷至当，虽稍逊《通典》之简严，而详赡实为过之，非樵《通志》所能及也。

　　这评价兼及"三通"：《通考》有稍逊于《通典》处，也有超越《通典》处，各有所长；相对而言，"三通"中《通志》最次。

　　清乾隆年间，又有六部延续"三通"的官修著作：《续通典》《续通志》《续文献通考》，称"续三通"；断代典制体的《清通典》《清通志》《清文献通考》，称"清三通"。这六部著作与"三通"合称"九通"。若加上另外一部《清续文献通考》，则合称"十通"。

2. 历朝会要

　　会要是分门类记述各项制度沿革的断代典制体史料汇编，或详载一代典制的损益变化，或记载相关的史实事迹等。会要类史书始于唐代宗和唐德宗年间苏冕编纂的《九朝会要》，已佚。今所存最早的是《唐会要》。

（1）《唐会要》

　　宋王溥撰。全书一百卷，五百一十四目，唐代各项经济和政治制度沿革变迁史料的汇编。王溥此书之成，是以唐人的两部会要体史书为基础的。《宋史·王溥传》说：

　　　　溥好学，手不释卷。尝集苏冕《会要》及崔铉《续会要》，补其缺漏，为百卷，曰《唐会要》。

唐朝的苏冕是会要体裁的首创者。唐德宗时,苏冕以《唐六典》和《大唐开元礼》为蓝本,作《会要》四十卷,集唐初至德宗九朝的史料,首创这类新的史书体裁。宣宗时,杨绍复、崔铉等人又受诏续编德宗至宣宗七朝之事,成《续会要》四十卷。宋初王溥的《新编唐会要》(省称《唐会要》)就是在这两部会要的基础上重新整理补写而成的。他补写了宣宗至唐末的一段史实,从而形成了自初唐至唐末完整的《唐会要》一百卷,使有唐一代各项制度沿革变迁的史料得以保存下来,可弥补新旧《唐书》之不足,是研究唐代各项制度的重要参考书。虽说苏冕是会要体史书的创始者,但最终完成编撰体例的却是宋代的王溥。《唐会要》是我国第一部断代典制体史书。

（2）《五代会要》

亦王溥所撰。全书三十卷,二百七十九目,实为《唐会要》的续作。王溥据五代五十年间各朝实录,分类记述各项法制典章而成此专书。因新旧《五代史》所记典章制度十分简略,此书可补其阙;又因王溥所记的材料多为自己耳闻目睹,比较切实可信,因而为历来学者所重视。

宋代对典制体会要的修撰特别重视,专门设立会要所,组织学者大规模地修撰当朝的会要。两宋期间前后修撰了十次之多,完成《宋会要》二千四百四十一卷,篇幅极其庞大。只可惜宋亡后原本为元人所掠,后屡经战乱,陆续有所散佚,所余部分又最终毁于明宣宗宣德年间文渊阁的一次火灾。今本《宋会要》是清人徐松从《永乐大典》中辑录出来的,称《宋会要辑稿》,二百册。

宋代除重视修撰本朝会要外,有学者还以前代史料私修前代会要,首开此例的是《两汉会要》。

（3）《两汉会要》

《西汉会要》和《东汉会要》的合称,南宋徐天麟撰。

《西汉会要》七十卷,主要据《汉书》的史料编撰,记述西汉的典章制度等事,以类相从,分为十五门:帝系、礼、乐、舆服、学校、运历、祥异、职官、选举、民政、食货、兵、刑法、方域、蕃夷。凡三百七十六目(《四库全书总目》误作三百六十七)。其中"职官"所述甚详,共一百一十目。

《东汉会要》四十卷,取材比《西汉会要》宽,不局限于《后汉书》,还引用了《东观汉记》《续汉书》《后汉纪》和《通典》等多种史书,记述了东汉的典章制度等事,也采用以类相从的方法分为十五门,但新增文学、历数、封建三门,以替换《西汉会要》的学校、运历、祥异。全书细目为三百八十四。

《两汉会要》不同于《唐会要》和《五代会要》,是后人根据前代史料补作整理的,因此不能作材料书用,但却方便查检,是一种可按门类查检的工具书。到了清朝,从事此类辑录的学者很多,从而出现了多种比较重要的会要,主要有:

《春秋会要》四卷,清姚彦渠撰;

《秦会要》二十六卷,清孙楷撰;

《三国会要》二十二卷,清杨晨撰;

《明会要》八十卷,清龙文彬撰。

各代会要至此基本齐备。会要类史书具有资料性和工具性特点,这是其他史书难以替代的优势。

3. 会典与法典

会典可看作会要的别体,是专记一代官署典章制度的专史,源出于《周官》。主要内容是分类叙述各级政治机构、各类官员的设置及其职掌等。最早的会典类史书是唐开元年间官修的《唐六典》。明清时有了"会典"之名。

（1）《元典章》

全称《大元圣政国朝典章》,未著撰者姓氏。正集六十卷,另附新集,不分卷。全书以类编次,分为十门:诏令、圣政、朝纲、台纲、吏部、户部、礼部、兵部、刑部、工部,共三百七十三目。所记为元世祖至元英宗共五朝的典章制度,内容多有《元史》所未备者。因为元代的政书如《元经世大典》等多已散佚,所以此书成了研究元史的重要资料。

（2）《唐律疏议》

《唐律疏议》简称《唐律》,是反映唐代法制的一部典章,也是我国现存最早、最完备的一部重要法典。原名《永徽律疏》。

唐高宗永徽二年（651）,在高祖朝《武德律》和太宗朝《贞观律》的基础上,编纂颁行了《永徽律》;永徽四年（653）,又颁行了逐条注释《永徽律》的《疏议》,附于律文之后,与律文具有同等法律效力。疏和律后合称为《永徽律疏》,后世又称为《唐律疏议》,用来代表有唐一代的法制情况。

《唐律疏议》三十卷,分为十二篇,五百零二条律文。十二篇的篇目为:名例、卫禁、职制、户婚、厩库、擅兴、贼盗、斗讼、诈伪、杂律、捕亡、断狱。从内容上看,基本上是一部刑法典,但里面也有关于民事、行政和婚姻家庭等内容,说明古代的法律是民刑不分的。

第二章 史部概说

第一篇《名例律》是《唐律疏议》的总则,体现了它的基本精神和基本原则。"名"指罪名,"例"指处罚的体例。列于《名例律》篇首的是五刑罪名与惩处体例:

笞刑——分五等,笞数由十至五十,每等加十笞;

杖刑——分五等,杖数由六十至一百,每等加十杖;

徒刑——分五等,时间由一年至三年,每等加半年;

流刑——分三等,路程由二千至三千里,每等加五百里;

死刑——分二等,绞和斩。

唐律废除了一些很残酷的刑罚,如劓刑、刖刑和宫刑等。唐初的刑罚较前代有所宽减,而且除"十恶"大罪外,自笞刑以至死刑,都还可以用钱来赎免;但中唐之后酷刑又有所恢复。

（3）《大清律例》

简称《大清律》。所谓"律例",就是律中附以条例。初颁行于顺治三年(1646),是清人入关之后诏命大臣参考《明律》而制定的一部刑书,也是中国历史上最后一部法典。康熙和雍正时屡有增改和校正,乾隆时又逐条考订,至乾隆五年(1740)完成重修,遂定名《大清律例》,之后一直到光绪末年都没有再变动。

《大清律例》四十七卷:律目一、诸图一、服制一、名例律二、吏律二、户律七、礼律二、兵律五、刑律十六、工律二、总类七、比引律条一。凡一千余条定例。

七、史评与学术史

1. 史评

史评是指评论史书、史事及历史人物的著作。清代时考据学大兴,原用于考证经书的考据,也用来考证史书,成了史评的重要内容,产生了不少考史名著。

(1)《史通》

我国第一部史学理论专著,唐刘知幾撰。内篇十卷三十九篇,叙述史书的渊源流别、编写体例、史料的选择标准、史事的叙述技巧等;外篇十卷十三篇,叙述史官的建置沿革,以及各种史书的优劣得失等。

刘知幾把我国历代的史学流派概括为六家——记言、记事、编年、国别、通史、断代,以编年和纪传为主要的史学体裁。在记事上,他强调秉笔直书,"良史以实录直书为贵"。对史家的基本素养,他总结了三条:才、学、识。这就是所谓的史学"三长",史家有此"三长",才有可能出好的史学作品。此外对史馆建置等也有所论述。

《史通》对我国历代的史学实践进行了比较全面的总结和概括,是我国史学理论的奠基之作。清人浦起龙著《史通通释》,吸取了前人的校释成果,是目前最好的《史通》读本。

(2)《文史通义》

清章学诚撰。全书八卷六十二篇。这是一部史学理论专著,内篇多谈史论文,谈史书源流、学术源流、文学流变乃至文章得失等;外篇论述修志的条理等。

《文史通义》与《史通》在时间上前后相距一千多年。这一千多年中又产生了许多史学著作,因此《文史通义》可以看作继《史通》之后,对我国近三千年史学实践进行再总结的一部重要的史学理论专著。在写作上,《文史通义》偏重于讲"史意",即史家写史的意义,以及史学的作用;而《史通》则重于讲"史法",即写史的技

第二章 史部概说

巧。对史家的基本素养，章学诚增加了一个"德"字，认为这是史家最重要的灵魂。在史学理论上，他增加了对方志学的论述，认为这也是史学的一部分，丰富了我国的史学理论。

中华书局1975年版封面

（3）《读通鉴论》

这是一部对《资治通鉴》中的主要人物与历史事件进行评论的集子。清王夫之撰。全书三十卷，其中评论秦史一卷、两汉史八卷、三国史一卷、两晋史四卷、南北朝史四卷、隋史一卷、唐史八卷、五代史三卷。书末附有四篇叙论，论述了作者的写作意图与主导观点。

（4）《十七史商榷》

清王鸣盛撰。全书一百卷。称"十七史"是按宋人习惯指称《史记》到五代的正史，其实书中所论还有《旧唐书》和《旧五代史》，共十九史。撰者在自序中说及此书之著述原委：

> 尝谓好著书不如多读书，欲读书必先精校书。校之未精而遽读，恐读亦多误矣；读之不勤而轻著，恐著且多妄矣。二纪以来，恒独处一室，覃思史事，既校始读，亦随读随校，购借善本，再三雠勘。

《十七史商榷》主要在于对正史本文的校勘，着重于订正历史事件和字句。如钱大昕《西沚先生墓志铭》所说，该书"主于校勘本文，补正讹脱，审事迹之虚实，辨纪传之异同，于舆地、职官、典章、名物,每致详焉"(《潜研堂文集》卷四十八)。全书补正讹脱多达一千余条。

(5)《廿二史考异》

清钱大昕撰。全书一百卷。作者以十五年时间写成此书,以实事求是的治学态度,从文字校勘和名物训诂着手,考证辨析历代的正史,打破了传统的以史论史的考证方法。称"廿二史",不包含《明史》与《旧五代史》。

(6)《廿二史劄记》

清赵翼撰。全书三十六卷。每卷有若干条札记,共五百四十四条。这其实是赵翼的读书笔记。他在《廿二史劄记·小引》中说:

> 闲居无事,翻书度日。而资性粗钝,不能研究经学,惟历代史书,事显而义浅,便于流览,爰取为日课,有所得辄劄记别纸,积久遂多。……自惟中岁归田,遭时承平,得优游林下,寝馈于文史以送老,书生之幸多矣。

中华书局 1984 年版封面

这是他中年(46 岁)称母病卸任回家后所作的读书笔记,前后历时二十四年,至七十岁时才编著完成。此书称"廿二史",实为"廿四史",因为书中所论还有《旧唐书》与《旧五代史》。

第二章 史部概说

2. 学术史

我国有关学术史的研究，先秦时已初见端倪。先是《庄子·天下》对儒、道、墨、名、法各家代表人物及其学说的评说；接着是《荀子·非十二子》对先秦十二子学说的批评，《韩非子·显学》对儒、墨学说的攻击和对法家学说的肯定与展示；在汉朝，又有司马迁《太史公自序》所引司马谈《论六家要旨》对儒、道、名、墨、法、阴阳六家的评述。这些是我国早期专门的学术批评，但都是单篇的。

我国早期的学术批评多融合在人物传记中，很少有此类专门的学术批评，哪怕是单篇的。形成专著的学术史，直至明清时才出现。

（1）《明儒学案》

我国最早的有系统的学术史专著，明清之际的黄宗羲所撰。全书六十二卷，对有明一代的学术思想史作了全面评述。

作者收集了明代诸儒讲学的文集和语录，按年代顺序辨别宗派，编排学案，如崇仁学案、河东学案、姚江学案、东林学案等，凡十九个，记述的学者有二百零八人。评述方式是先小传，后语录，扼要叙述其生平与学术传授，比较客观而全面地纂述了明朝儒学的派别及其发展变化的情况等，大致叙述清楚了有明三百年的学术思想。此书对我国学术思想史的编纂有重大影响。只是遗憾黄宗羲居然未介绍明朝的重要思想家李贽。

（2）《宋元学案》

原名《宋元儒学案》。黄宗羲初撰，未完而卒。其子百家与门人续修,亦未能完稿。乾隆时全祖望以十年之精力修补,稿初成而卒,后复经王梓材等人整理修补才最终完成。前后历时一百六十余年。

全书一百卷,体例同《明儒学案》而更有进化。平等看待各家各派,不定一尊;不轻下主观批评,广搜各家批评附录;以列表形式详举师友与弟子,以明思想渊源,乃至环境对学术的影响等。此书相当系统地总结了宋元两代的学术思想,是研究宋元两朝学术思想史的重要资料。

（3）《清学案小识》

原名《国朝学案小识》,清唐鉴著。书仅十五卷,分五个学案纂述有清前期的学术思想,叙述清儒二百六十一人,重在宣扬程朱理学。此书与《宋元学案》《明儒学案》合称"四朝学案"。

另有《清儒学案》二百零八卷,题近人徐世昌撰,实为其门客所著。全书叙述清儒一千一百六十九人,其中正案一百七十九人,附见九百二十二人,另于"诸儒学案"中有六十八人,比较充实地汇集了有清一代的学术思想与文化资料,是研究清朝学术史的重要参考书。

（4）《汉学师承记》与《宋学渊源记》

原名《国朝汉学师承记》与《国朝宋学渊源记》,清江藩著。

《汉学师承记》八卷,成书于嘉庆年间,叙清初至嘉庆约一百五十年间汉学家的学术思想与师承关系,作者为黄宗羲、顾炎武等四十人立传,附传十七人。

第二章 史部概说

《宋学渊源记》为南学、北学各一卷,另有附记一卷。成书于道光年间。书中所叙宋学家都是"处下位"或"伏田间"的,作者因担心这些处在社会下层的人会被历史所湮没,所以特为之作记。北学十人,南学二十一人,附记八人。凡为高官者都没有叙述,所以此书所录不是清朝研究宋学的全部学者。

　　这两部书对研究清代的学术思想都有参考价值。

　　(5)《清代学术概论》与《中国近三百年学术史》

　　两部清代学术思想的总结性著作,都为梁启超所撰。

　　《清代学术概论》作于1920年,原是为蒋方震《欧洲文艺复兴史》所作的序言,谁知"下笔不能自休",竟然写成了一部简明的清代学术史。

　　《中国近三百年学术史》是一部评述明末到民国初年(1623—1923)学术思想发展情况的专著。

　　这两部书都是研究清代学术史的重要著作。

八、地理与方志

1. 地理

　　(1)《山海经》

　　《山海经》历来号称奇书,书中所记载的东西,后人多难以理解,司马迁就曾说"《山海经》所有怪物,余不敢言之也"(《史记·大宛传赞》)。

　　《山海经》的作者不详。西汉光禄大夫刘秀(原名刘歆)《上山海经表》说："禹别九州，任土作贡，而益等类物善恶，著《山海经》。"刘秀的说法不可信，大禹和伯益不可能有著作传世。《山海经》应该不是成于一时、出于一人之手的著作。

《山海经》的归类也历来不一：《汉书·艺文志》归在数术类"形法"之首；《隋书·经籍志》归为地理类；《四库全书总目》归为小说类，被认为是"小说之最古者"；鲁迅则认为"盖古之巫书也，然秦汉人亦有增益"（《鲁迅全集》第九卷《中国小说史略》）。

今按《隋志》的分类归为地理类，为我国最早的一部地理书。《汉书·艺文志》所载《山海经》只有十三篇，今传本为十八卷。《山经》五卷：南山经、西山经、北山经、东山经、中山经。《海经》十三卷：海外南经、西经、北经、东经，海内南经、西经、北经、东经，大荒东经、南经、西经、北经，海内经。其中《海经》部分的价值比较高。

从内容看，《山海经》所记很杂，除了记载自然地理的山川河流之外，还记载了许多动物、植物和矿产，记载了许多原始神话，如夸父逐日、女娲补天和精卫填海，乃至一些古代的巫术等。

古本《山海经》有图，在长期的流传过程中，图已消失，只留下文字。今传本上的图，是后人补画的。

（2）《水经注》

北魏郦道元撰。四十卷。此书是为《水经》作注的著作，是一部以河流系统为纲的古代历史地理名著。

《水经》的作者，《新唐书·艺文志》题东汉桑钦作，《旧唐书·经籍志》题晋郭璞撰，说法不一。《四库全书总目》认为非桑钦所作。

《水经》原文极其简约,仅一万余字,所述水流也只有一百三十七条;而郦道元的注文有三十万字,所记水道大大小小有一千二百五十二条。郦道元不仅叙述了水流的发源与流向,还兼及水流经过的山岳丘陵、关塞隘障、郡县都市、冢墓祠庙、历史遗迹以及相关的故事歌谣等,并对每一条水道都多方印证,核实其方位与流域,脉络清晰,区划分明。但因作者和注者都是北方人,所以对水流的叙述,总体上是北方较详而南方较略。

《水经注》在唐朝时尚未为世人所重视,至北宋始多见引用,清代则研究者众,有不少校注本出现,如全祖望的《校水经注》、赵一清的《水经注释》、戴震的《戴校水经注》和王先谦的《合校水经注》,另有近人王国维的手校本《水经注校》等。

（3）《洛阳伽蓝记》

北魏杨衒(xuàn)之撰,五卷。此书作于东魏孝静帝武定五年(547),即东魏亡国前二年。此时东魏已迁都。杨衒之在序文中说了写作此书的缘由:

　　余因行役,重览洛阳。城郭崩毁,宫室倾覆,寺观灰烬,庙塔丘墟。墙被蒿艾,巷罗荆棘。……京城内外,凡有一千余寺,今日寥廓,钟声罕闻。恐后世无传,故撰斯记。

洛阳在孝静北迁之后,城郭几成丘墟,杨衒之重览古都,感念不已,因怕后世不知古都原有的盛况而追叙捃拾,写成了这部记叙都邑的名著。

伽(qié)蓝就是寺庙。这是一部讲洛阳城内外寺庙的书,城内一卷,城外四卷(东、西、南、北各一卷)。洛阳城原有寺庙一千三百六十七所,迁都之后不足三分之一,余四百二十一所,而此书所记只有五十五所。就所记之五十五所寺庙看,非常壮观华美,可见当时北方佛教的兴盛。

书中之所记,主体虽为寺庙,但对彼时彼地的地理风俗、人物传闻,以及苑囿建筑等也多有记载。许多材料详于《魏书》,可补正史之不足。

(4)《大唐西域记》

唐玄奘(602—664)著。玄奘俗姓陈,名祎(huī),隋末出家,是唐朝著名的佛学家。

唐高祖武德七年(624),朝廷中发生了一场关于儒、道、佛三教地位的大辩论。太史令傅奕上表历数佛教的流弊,请求朝廷"除去释教"(《旧唐书·傅奕传》)。高祖命大臣辩论,结果傅奕获胜。第二年,高祖便在国子监宣布三教地位:道第一,儒第二,佛最后。这无疑是对佛教势力的重大打击。

在玄奘看来,佛教之所以蒙受如此不幸,是因为佛教内部的派别之争妨碍了佛教作用的发挥,而造成派别之争的原因又在于对教义阐发的不一致,对教义阐发不一致则是因为佛经翻译不准确,遂萌发了去佛教圣地天竺寻求经典的想法。他向朝廷上表,提出去西域求经的请求,但未获允准,于是决定冒一番风险独自去取

第二章　史部概说

经。贞观三年(629,一说贞观元年),玄奘偷偷地跟着商人往游西域。路上历经艰险,直至贞观十九年(645)才回到长安。让玄奘未曾想到的是,"近京之日,空城出观",与出行时的冷清形成了鲜明的对照。

玄奘西域取经历时十余年,跋涉五万余里,带回佛经六百五十七部。第二年他就口述完成了这部《大唐西域记》。

《大唐西域记》十二卷,十余万字。玄奘在这部书中追述了亲身经历的一百二十国和得之于传闻的二十八国的山川地形、城邑关防、交通道路、风土习俗、物产气候、文化政治等内容;涉及的地区非常广阔,从新疆西抵伊朗和地中海东岸,南达印度半岛和斯里兰卡,北面包括今中亚西亚南部和阿富汗东北部,东到今中南半岛和印度尼西亚一带,为我们留下了七世纪中亚和南亚等国非常宝贵的有关历史和地理的文字资料。

2. 方志

方志是记叙描绘地区历史的史志。"方"指四方,"志"是记,所以"方志"就是四方之志,即记述四方之事。"方志"之名始见于《周礼·地官·司徒》的"诵训掌道方志"。方志记事的范围很广,凡一个地区的天文地理、物产人物乃至经济文化和政治等都包括在内。方志又分全国性的总志和区域性的地方志两大类。

(1) 总志

总志是全国性的,是记载描述全国所有区域的方志,重要的有

《元和郡县志》《太平寰宇记》《元丰九域志》《大清一统志》等。

①《元和郡县志》

现存最古老也是编得最好的一部全国性总志,唐李吉甫撰。书成于唐宪宗元和八年(813),原名《元和郡县图志》。全书四十卷,记载了当时十道所属府、州、县的山川疆界、户口贡赋、古迹历史等,篇首皆冠有图。但到了宋时,图亡而文存,遂改名《元和郡县志》。这部总志对后世方志的编撰有深远影响。《四库全书总目》说此书"体例最善,后来虽递相损益,无能出其范围"。

②《太平寰宇记》

二百卷。北宋乐史编纂,取太宗太平兴国(976—984)年号首二字为书名。此书体例仿《元和郡县志》,但增加了列朝人物与艺文等材料,方志的体例更全面。《四库全书总目》说:"后来方志必列人物、艺文者,其体皆始于(乐)史,盖地理之书,记载至是书而始详,体例亦自是而大变。"

③《元丰九域志》

北宋的一部总志,王存等编纂,成书于宋神宗元丰三年(1080)。此书凡十卷,记载极简便,略古而详今,以熙宁、元丰年间四京府、二十三路的行政区划为根据,记述了各路的府、州、军、监、县的地理、户口、土贡等,县下并详载乡镇道里、名山大川。

④《大清一统志》

我国古代最后一部全国性总志。此书体例完善,内容丰富,且精于考订,前后修纂了三次,历时一百年。初修完成于乾隆八年(1743),三百四十二卷;重修于乾隆四十九年(1784),五百卷;再次重修始于嘉庆年间而成书于道光二十二年（1842），五百六十卷，定名为《嘉庆重修一统志》。

（2）地方志

地方志简称方志，是区域性的，又有大小之别。一省范围的地方志称"通志"，也叫"总志"，如《河南通志》《浙江通志》《湖广总志》，《华阳国志》也是省一级的通志；一府范围的称"府志"或"郡志"，如《大名府志》《顺天府志》《长安志》；一州范围的称"州志"，如《汀州志》；一县则称"县志"，如《常熟县志》《永清县志》。

此外还有各类乡土志、边关志、风俗志、物产志、山志、水志、桥志、寺志等。

在我国，方志的历史非常悠久，可远溯至春秋战国时代。近三千年的悠久历史所留传下来的方志，以前估计有七八千种之多。1985 年出版的《中国地方志联合目录》，记录了我国一百九十个较大图书馆的馆藏，统计出 1949 年以前所编从省到乡镇的各类地方志共八千二百六十四种。这个数字绝对不是地方志的全部，实际的地方志数量，估计应在一万种以上。

第三章　子部概说

一、子与诸子

1. 何为子

什么是子？

先秦时"子"有多种含义。

其一，指婴儿。《说文解字》认为"子"是象形字，象襁褓中的婴儿，头和双手露在外面，身体其他部分都被包裹起来。

其二，表示第二人称，并逐渐由一般的对称演变为敬称。

其三，周制诸侯（公、侯、伯、子、男）的第四等爵位。

其四，男子的通称和美称。《白虎通》："子者，丈夫之通称也。"范宁《春秋穀梁传集解》："子者，男子之美称也。"

其五，对师长或学者、思想家的尊称。如老子、孔子、墨子。此义当由男子的美称引申而来。

其六，称呼师长和学者的著作。如老子书称《老子》，墨子书称《墨子》。这类著作后来被称为"子书"。

"子"在这一章里指的是学者、思想家和他们的著作。

2. 何为诸子

"诸子"这个名称始见于汉朝。《史记·贾谊传》说：

贾谊年少,颇通诸子百家之书。

《汉书·艺文志》也说:

战国从衡,真伪分争,诸子之言,纷然殽乱。

"诸子"有二义:既泛指先秦众多的学者和思想家,也泛指他们的著作。"子"在这里既指人,也指学说和著作。

前人对诸子的归类各有不同。司马谈《论六家要旨》归诸子为六家:阴阳、儒、墨、名、法、道。班固《汉书·艺文志·诸子略》归为十家:儒、道、阴阳、法、名、墨、纵横、杂、农、小说。《隋书·经籍志·子部》归为十四家,少《汉书》的阴阳,另增兵、天文、历数、五行、医方。

《汉书·艺文志·诸子略》列诸子凡一百八十九家,其中先秦诸子一百四十家。只是这一百四十家的著述,有不少是战国时人伪托的,或没有作者姓名,或有目无书。流传到现在的先秦诸子书只有二十几种,其中还有一些是伪书。伪书中有全部是伪作的,也有部分是伪作的,自明清以后,不断有学者进行辨伪和考证工作。

清光绪初年(1875),浙江书局刊印的《二十二子》吸收了历代学者的研究成果,汇编了历代刊本中的精校精注本,是这一时期诸子书汇刻本的上乘之作,上海古籍出版社 1985 年曾影印出版。现列其目如下:

一、老子道德经　魏王弼注,唐陆德明音义

二、庄子　晋郭象注,唐陆德明音义

三、管子　唐房玄龄注,明刘绩增注

四、列子　晋张湛注,唐殷敬顺释文

五、墨子　清毕沅校注

六、荀子　唐杨倞注,清卢文弨、谢墉校

七、尸子　清汪继培辑

八、孙子　宋吉天保辑,清孙星衍、吴人骥校

九、孔子集语　清孙星衍纂辑

十、晏子春秋　清孙星衍校并撰音义,黄以周撰校勘记

十一、吕氏春秋　汉高诱注,清毕沅校

十二、贾谊新书　清卢文弨校

十三、春秋繁露　汉董仲舒撰

十四、扬子法言　晋李轨注,宋□□音义

十五、文子缵义　元杜道坚撰

十六、补注黄帝内经素问　唐启玄子(王冰)注,宋林亿等校正,孙兆重改误

十七、竹书纪年统笺　清徐文靖撰

十八、商君书　清严万里校

十九、韩非子　□□□注,清顾广圻识误

二十、淮南子　汉高诱注,清庄逵吉校

二十一、文中子中说　隋王通撰,宋阮逸注

二十二、山海经　晋郭璞传,清毕沅校

其中《贾谊新书》《春秋繁露》等不是先秦诸子书。未收入《二十二子》而属于先秦诸子书的有：

一、邓析子(邓析)

二、文子(老子弟子)

三、关尹子(关尹喜)

四、杨子(杨朱)

五、申子(申不害)

六、公孙龙子(公孙龙)

七、慎子(慎到)

八、尹文子(尹文)

九、鹖(hé)冠子(楚人)

十、鬼谷子(纵横家)

十一、亢仓子(庚桑楚)

十二、吴子(吴起)

十三、尉缭子(尉缭)

十四、商子(商鞅)

但以上十四种子书大部分都已散佚，只剩了书目。或毁于秦火，或毁于秦末项羽的一把火，或毁于东汉末董卓的烧书，或毁于后来历朝历代的战乱和烧书。中国古代社会的统治者为巩固统治，都有烧书的喜好，烧掉了许多无法弥补的文化。

3. 诸子之渊源

关于诸子的渊源,古人有"诸子出于王官"的说法,源出《汉书·艺文志·诸子略》:

儒家者流,盖出于司徒之官(掌教育之官)。

道家者流,盖出于史官(掌文献典籍之官)。

阴阳家者流,盖出于羲和之官(掌星象历法之官)。

法家者流,盖出于理官(掌刑法之官)。

名家者流,盖出于礼官(掌礼秩之官)。

墨家者流,盖出于清庙之守(掌祀典之官)。

纵横家者流,盖出于行人之官(掌朝聘之官)。

杂家者流,盖出于议官(掌讽谏议论之官)。

农家者流,盖出于农稷之官(掌农事之官)。

小说家者流,盖出于稗官(掌野史之官)。

此说近人多有异议,如胡适有《诸子不出王官论》,否定了班固"诸子出于王官"的说法。诸子的渊源应该是多元的,确定诸子某家出自某官的说法,未免失之拘泥。古代政教合一,学术原掌握在王官手中,因此诸子无疑会有源自王官的成分;但春秋时期王室式微,士人已崛起,王官多有流落民间的,学术也随之逐渐走向民间,因此诸子之学必然还有来自社会平民的学术成分,不只是单一的王官成分。诚如钱穆在《国学概论》中所说:

谓王官之学衰而诸子兴,可也;谓诸子之学一一皆出于王官,则不可也。

其实,《汉书·艺文志》也说过类似的话,谓十家九流"皆起于王道衰微,诸侯力政,时君世主,好恶殊方,是以九家之术,蜂出并作,各引一端,崇其所善,以此驰说,取合诸侯"。而此说又源于庄子的"天下大乱,贤圣不明,道德不一。天下多得一察(犹言各执一端)焉以自好"(《天下》)。所以诸子之兴,实由衰世之故。春秋战国时王道衰微,实为我国自古未有之衰乱,于是诸子应时而勃兴。谭正璧先生在其1933年所著《国学概论新编》中,归纳了近代学者论述诸子之学兴起的六种原因:

其一,王官失职,世族多降为平民,道术于是传于草野,私学因此分为百家;

其二,官学之制逐渐衰微之后,私家讲学风气就顺势兴盛了起来;

其三,官失其守之后,原由史官掌管的书籍遂流播于民间,学者得以随意研读;

其四,政教不再合一了,天下不以同文为治,于是著述自由,有才智者能私相传习;

其五,列国为竞争而延揽人才以谋富强,文学游说之士于是因利禄而蜂起;

其六,社会变迁对世人的影响,仁智之士应社会之需而多方探寻解决之方。

谭正璧先生最后归纳说:

　　总之，诸子之兴，都由王纲失堕，思想行为皆得自由发展所致。所以，反之如君权巩固，法制严密，诸子便无从兴起。由此以推，那末中国"子学"的仅盛于周秦，而在秦以后几无所闻，即有亦无足观，其故可不言而喻了。老子云："六亲不和有孝慈，国家昏乱有忠臣。"吾们对于一个时代某种学术之所以盛，亦尽可以作如是观。

以下择要简说先秦诸子。

二、先秦诸子概说

1. 儒家

（1）儒与儒家

什么是儒？儒和儒家是一回事吗？

据考证，"儒"原是殷商时期的一种职业，本作"需"，或作"濡"。其实"需"是"濡"的本字，从雨，甲骨文象人被水淋湿之状，本义当为沾湿或沐浴。《礼记·儒行》："儒有澡身而浴德。"以德澡身，把沐浴提高到和道德相关联的高度，强调道德的洁身作用。这是就"儒"之字形而言的，应该也是儒的职业内容。

就职能分工说，儒最初可能就是从事相礼一类工作的人，专职为贵族在祭祀等隆重场合主持礼仪、担当司仪之类工作。这些场合都很隆重，需要斋戒沐浴，所以《礼记》有"澡身浴德"之说。从儒所从事的工作看，儒在当时的地位和身份都比较特殊，所以在周灭商以后十分重视教化的时候,儒就在专司祭祀礼仪之外,又开始以六艺教民,出现了师儒,也就是教民的教官。师儒制定和传承礼乐文化,周公就是当时制礼作乐的一个大儒。

西周之后的春秋时代,周天子的共主地位名存实亡。王室式微,礼崩乐坏,文化开始下移民间,那些儒也就散落到了各地。他们有继续从事六艺教授的,也有从事相礼之类活动的。孔子就是当时出现的一个熟悉礼仪知识的儒。

冯友兰在《中国哲学简史》中说:

> "儒"字的字义是"文士"或学者,……不限于指孔子学派的人,它的含义要广泛些。

孔子原来就是这样一个文士,一位儒者。因此,儒家和儒原不是一回事,这两个名称的意义并不相同。

儒是一种职业,是以教民相礼为职业的一类人;儒家则是一个学派,是先秦诸子中的一派。儒家虽出自儒,但哪怕儒家之人依然从事教民或相礼,两者还是不同的。根本的区别在于儒家是要用周礼来平治天下的,如《汉书·艺文志·诸子略》所说:

> 儒家者流,盖出于司徒之官,助人君顺阴阳明教化者也。

儒家是一种有历史使命感的人,而儒只是把教民相礼作为一种职业的人。

（2）孔子的学说

孔子是儒家的创立者，但不是儒的创立者，他原先只是儒者行列中的一员。（关于儒，章太炎有《原儒》，胡适有《说儒》，郭沫若有《驳〈说儒〉》，皆可参阅）

儒者孔子后来成了儒家的祖师爷，被后人尊为至圣先师。他的思想基本集中在《论语》中，他的学说偏重人事，主张人治，特别推崇周代文献，希望能继承周公事业，复兴周代典制。《论语·阳货》："如有用我者，吾其为东周乎！"（何晏《论语集解》："兴周道于东方，故曰东周也。"）孔子对自己的治政能力是充满信心的。

孔子的学问，以寻求人之所以为人之"道"为目的，着眼全在人生。"道"是孔子人

先师孔子行教像

生的一切，既是人生的始点，也是人生的归宿。他在《论语》中对"道"有许多论说，如：

> 朝闻道，夕死可矣。（《里仁》）
> 士志于道而耻恶衣恶食者，未足与议也。（《里仁》）
> 君子谋道不谋食。……君子忧道不忧食。（《卫灵公》）

孔子认为，"闻道"是人生全部意义之所在，人生而不闻道，此生便是虚度。道不为糊口，有志于道却以粗劣的衣食为耻的人，是不值得和他一起谋道的。谋道不是谋食，不在谋取高官厚禄，谋道

者应安于贫困生活。

国学概说

孔子一生的事业,概括地说,就是修己和治人两个方面,这两者的基点就是仁。仁是孔子思想的核心。治人是从政治上说的,以仁为核心的政治便是仁政;修己是从伦理上说的,以仁为核心的伦理思想便是爱人。仁是为人的基本原则,也是为人的起点。

> 人而不仁,如礼何? 人而不仁,如乐何?(《八佾》)
>
> 苟志于仁,无恶也。(《里仁》)
>
> 巧言令色,鲜矣仁。(《学而》)
>
> 当仁不让于师。(《卫灵公》)

孔子认为,一个人如果丧失了仁,就谈不上礼乐,一切都不值得说了。一个有志于仁的人,是不会有恶行的。花言巧语只注重仪表修饰的伪善者,内在的仁必定很少。在遇到行仁的事情上,即使是老师也不和他谦让。因为求师原为求仁,尊师就是尊仁。

那究竟什么是仁? 孔子的解释却因人因事而异:

> 樊迟问仁,子曰:"爱人。"(《颜渊》)
>
> 樊迟问仁,子曰:"居处恭,执事敬,与人忠。虽之夷狄,不可弃也。"(《子路》)
>
> (樊迟)问仁,曰:"仁者先难而后获,可谓仁矣。"(《雍也》)
>
> 子贡(问仁),子曰:"夫仁者,己欲立而立人,己欲达而达人。能近取譬,可谓仁之方也已。"(《雍也》)

樊迟三次问仁,孔子的回答都不相同,但基点是"爱人"。孔子所谓的"爱人",是一种推己及人的爱,是基于忠恕之道的爱。朱熹对"忠恕"的注释是:"尽己之谓忠,推己之谓恕。"这就是对人的爱,也就是孔子对樊迟具体阐述的三种行为:日常起居恭敬端庄,做事谨慎认真,对待别人忠诚真心。这三条,即使到了未开化的地方也不能丢弃。至于仁之获得,孔子告诫樊迟说,必定要经过一个艰难的过程。这是对樊迟问仁的回答。而对子贡,则要他以推己及人的方式来了解达到仁的途径,仁就是自己要立身也要使别人立身,自己要通达也要使别人通达。孔子对仁没有固定的定义,多因人而异。

仁的基本原则是如何处理人与人的关系,其中最基础的是血缘关系,即父子母子关系、兄弟姐妹关系。这是一个人最先发生的亲情关系,其外在体现就是孝悌。进入社会后,又有君臣、夫妇、同事、朋友乃至与集团、民族、国家等关系,其外在表现就是忠和恕。忠恕是孝悌的外延,两者都是仁的表现。

孔子的思想有理想主义色彩,他相信道德的力量和教化作用,相信人与人之间能建立一种道德标准,也相信国与国之间可以有共同遵循的交往原则。这是非常难能可贵的。

（3）思孟学派

孔子之后,儒家分为八派,其中思孟一派和荀子一派是后来影响最大的两派。

思孟指孔子的孙子子思和子思的再传弟子孟子。思孟学派一般认为传承自曾参,其传承路线为:孔子—曾子—子思—子思弟子—孟子。

　　子思的父亲孔鲤先孔子而死，所以子思青少年时期应该也受到过祖父孔子的教育，孔子去世后，可能就成了曾子的弟子。

　　据郭沫若等人的考证，《易传》《十翼》和《大学》《中庸》都是子思的思想。子思构建了天人合一的思想体系，以仁义礼智信为本，形成了修齐治平的一系列程序。孟子继承子思的思想，自认为是孔学道统的继承者，倡导性善说，认为"人皆可以为尧舜"，主张以养性的方法来提高自己；在政治上鼓吹仁政王道，强调民贵君轻，君主应"制民恒产""保民而王"；同时把孔子的"仁"外化为"义"，主张"舍生取义"。孟子以这些学说游说诸侯，虽以其迂阔而不得意于诸侯，却信念坚定，以此教授门徒，著书立说。后世儒家学者尊孟子为"亚圣"。

　　（4）儒家别宗荀子

　　荀子一派历来被目为儒家别宗。

　　荀子名况，时人尊为荀卿，汉时因避宣帝刘询讳而改称孙卿。他曾游学稷下，三任祭酒，为列大夫之领袖，史称"最为老师"。后去楚国，与春申君黄歇相善，曾任兰陵令。春申君死后失官，居兰陵专心学问，著书数万言。

　　在先秦儒家大师中，荀子的地位与孟子相同。但荀子对孔子儒家思想的继承，却是有所批判和改造的。尤其是对孟子，更是持反对的态度，称之为"俗儒"。梁启雄《荀子简释·自叙》对荀孟二人的思想体系有一番比较，引录如下：

国学概说

孟子言性善,荀子言性恶;

孟子重义轻利,荀子重义不轻利;

孟子专法先王,荀子兼法后王;

孟子专尚王道,荀子兼尚霸道。

二子持义虽殊,而同为儒家宗师,初无判轩轻也。

荀子很重视礼乐和教育,《荀子》第一篇就是《劝学》。这和他"言性恶"有关。因为性恶,所以要加强后天的学习和改造。对大自然,荀子主张应利用和征服,"物畜而制之""制天命而用之",这是很可贵的富有科学精神的无神思想。只是在汉文帝时,《孟子》立于学官,有博士专职传授,推崇有加,而《荀子》因为和《孟子》有许多不同观点而受到贬抑,后来研究的人就很少了。

2. 道家

（1）道和道家

"道"是什么？道家以"道"命名的用意何在？《说文解字》说：

道,所行道也。从辵(chuò)从首。一达谓之道。

"道"由辵、首会意,辵有行义,首有始义。按许慎的说法,道就是行走的路,还特别强调是一条直通的没有岔道的大路。道是一个空间概念,也是一个时间概念,结合"首"的始义,老子遂借以表示"先天地生"的宇宙之本原,以为世间的一切皆由道而生,"道生一,一生二,二生三,三生万物"(《老子》四十二章)。

《汉书·艺文志·诸子略》说：

> 道家者流,盖出于史官,历记成败存亡祸福古今之道,然后知秉要执本,清虚以自守,卑弱以自持,此君人南面之术也。

老子坐像

道家出自史官,史官是用笔来说话的,所以"道"又有说的意思。道家用笔向统治者陈说历史上成败存亡和祸福的规律,告诫统治者执政应该"秉要执本,清虚以自守,卑弱以自持"。意思是说,统治者掌握了这些规律之后,才能明白统治和管理国家的根本和要点之所在,才能抓住根本和要点。而对统治者来说,更要以清静虚无的方式来守住自己,要以自处卑下的地位和让人感到弱小的形象来保全自己。也就是说,在内心和外在形象上都要谦退谦让,这才是管理国家的方法。这是对道家思想最精要的归纳。

道家旧时也称黄老学派。黄指黄帝,是远古时代华夏民族的共主。道家以黄帝为学派的创始人,无疑是为了抬高自己的社会地位。

(2) 老子

道家第一号人物。《史记·老子韩非列传》说：

　　老子者,楚苦县厉乡曲仁里人也,姓李氏,名耳,字聃,周守藏室之史也。……老子修道德,其学以自隐无名为务。居周久之,见周之衰,乃遂去。至关,关令尹喜曰:"子将隐矣,强为我著书。"于是老子乃著书上下篇,言道德之意五千余言而去,莫知其所终。

　　在中国文化史上,老子究竟是谁一直是个谜。司马迁在老子的传记中还提到了老莱子和周太史儋,有人认为他们就是老子,有人认为不是,"世莫知其然否",以至有人认为老子是子虚乌有的虚构人物。

　　《老子》这本书的著作权也是一个争论不休的问题。现在一般的看法是老子的后学者根据老子学说加以发挥补充而成。书成于战国时代,因为书中有浓厚的战国时代的色彩,如"万乘之国""取天下"等。

　　《老子》也称《道德经》,上卷言道,下卷言德。1972年湖南马王堆出土的帛书《老子》却是《德经》在前,《道经》在后,或许应称《德道经》。

　　今人沈善增《还吾老子》认为,《德经》是老子从周王室的典籍中摘录下来的,共四十四条,非老子所著;《道经》则是老子对其中三十七条所作的注。他认为《老子》是一本站在民本立场上"专对侯王言的政治哲学著作"。

　　老子视"道"为宇宙的本原,其思想的核心是天道自然观,即"道法自然",这在政治上便演化出"无为而治"的思

长沙马王堆汉墓出土的《老子》帛书

想,从而对中国思想史产生了相当重要的影响。老子思想的基本要点大致如下:

> 道——物之生皆依于道。"道可道,非常道。"(一章)"道生一,一生二,二生三,三生万物。"(四十二章)

> 有无——"天下万物生于有,有生于无。"(四十章)"有无相生,难易相成,长短相形,高下相倾,音声相和,前后相随。"(二章)

> 无为——"道常无为而无不为。侯王若能守之,万物将自化。"(三十七章)"民之难治,以其上之有为,是以难治。"(七十五章)

> 贵柔守雌——"天下莫柔弱于水,而攻坚强者莫之能胜。"(七十八章)"人之生也柔弱,其死也坚强;万物草木之生也柔脆,其死也枯槁。"(七十六章)

> 祸福相依——"祸兮福之所倚,福兮祸之所伏。"(五十八章)

(3) 庄子

道家第二号人物。《史记·老子韩非列传》附列庄子曰:

> 庄子者,蒙人也,名周。周尝为蒙漆园吏,与梁惠王、齐宣王同时。其学无所不窥,然其要本归于老子之言。故其著书十余万言,大抵率寓言也。

庄子的学说是秉承老子的,与老子并称"老庄",但两人的思想其实并不完全相同。

老子总的思想是倾向入世,他的无为而治,是一种顺应和尊重自然的意思,即以顺随自然的规律来治国治事,不要违背规律硬干,如此则无为而可无不为。这是一种以无为有、以退为进的做法,含有积极因素。

庄子的基本倾向却是出世的,他发展了老子思想中的消极因素,追求绝对的自由平等。《史记》说,楚国使者奉楚威王之命,带了重金来聘庄子去楚国为相,庄子却让使者赶快离开,说道:

老子骑牛图

> 子亟去!毋污我!我宁游戏污渎之中自快,无为有国者所羁,终身不仕,以快吾志焉。

他的《逍遥游》就是讲自由的,认为要获得真自由,就必须无所待;他的《齐物论》是讲平等的,认为真平等是我与物平,要消除是非的差别和彼此的界限。

(4)列子与杨朱

道家的重要人物还有列子和杨朱。

关于列子,《汉书·艺文志》有《列子》八篇,注曰:"名圄寇,先庄子,庄子称之。"其学当本于老子。

《庄子·逍遥游》:"夫列子御风而行,泠然善也,旬有五日而后反。彼于致福者,未数数然也。"在庄子的笔下,列子是个神仙类人物,庄子称他为"神人"。

《吕氏春秋·不二》:"列子贵虚。"这思想本于老子的清虚、无为。

今本《列子》为伪作,出自晋张湛。书中内容与其他古书有很多重复,但书中有许多寓言故事含义深刻,如杞人忧天、愚公移山、歧路亡羊等,以其鲜明的文学形象而脍炙人口。

杨朱著有《杨子》一书,但未曾流传下来。他的思想散见于诸子书,孟子多有论及,如《滕文公下》:"杨朱、墨翟之言盈天下,天下之言,不归杨,则归墨。杨氏为我,是无君也。"又《尽心下》:"杨子取为我,拔一毛而利天下,不为也。"可见杨朱在当时是一个有影响的人物,能和墨子相提并论,他的学说也是很流行的。

《淮南子·氾论训》:"兼爱、尚贤、右鬼、非命,墨子之所立也,而杨子非之。全性保真,不以物累形,杨子之所立也,而孟子非之。"顾实说:"全性保真者,谓守清静,离情欲。"(《汉书艺文志讲疏》)

杨朱的学说,本于老子清静无为的思想,主张快乐和为我。今本《列子》有《杨朱》一篇,说杨子甚详,然是伪作,多不可信。其中关于为我主义有进一步的阐说:

　　古之人,损一毫利天下,不与也;悉天下奉一身,不取也。人人不损一毫,人人不利天下,天下治矣!

意思是说,古代的人不肯损伤自己的一根毫毛来有利于天下,也不愿让天下之人来奉养自己;如果人人都这样,不肯损伤自己的毫毛,也不愿取利于天下,那么天下就太平了。

3. 墨家

（1）墨子和墨家学派

墨家的创始人是墨翟,关于墨翟的生平我们所知甚少。《史记·孟子荀卿列传》附说了二十四字的简历:

> 盖墨翟,宋之大夫,善守御,为节用。或曰并孔子时,或曰在其后。

司马迁所附说的简历不只是"简",一个表推测的"盖"和两个"或曰",更为这段简历添加了许多不确定因素。

墨翟有著作《墨子》,但非墨翟自著,为其门徒集体编著,是墨家的总集。《汉书·艺文志》说:"《墨子》七十一篇。"《隋书·经籍志》说:"《墨子》十五卷,目一卷。"今本《墨子》亦十五卷,五十三篇,比《艺文志》少十八篇,据说亡佚于宋。

今所知墨子是出身小生产者阶层的哲学家,被视为"贱人",所以他的思想能反映当时庶民阶层的利益诉求。他认为人类的一切罪恶源于不相爱,因而倡言"兼爱";反对给人民带来灾难的不义战争,呼吁"非攻";反对浪费挥霍,主张"节用""节葬"和"非乐";希望统治者"尚贤""尚同"。这些在当时都有进步意义。

墨子一生未曾做过官，以平民之身终老。《史记》所说的"宋之大夫"只是太史公根据《公输》一文的推测和想象，并不确凿。

　　据说墨子年轻时曾学过儒。《淮南子·要略》说：

　　　　墨子学儒者之业，受孔子之术，以为其礼烦扰而不说（通悦 tuō，简易），厚葬靡财而贫民，久服伤生而害事，故背周道而用夏政。

　　意思是说，墨子最初曾学过儒家之业，也曾接受过孔子的学说，但后来认为那些礼仪太烦扰，不简易，厚葬浪费钱财又使百姓贫困，长时间的服丧（周制服丧三年）既不利于活着的人也妨碍了事务，所以墨子最后背弃了儒家的周制而改用夏政（夏禹之政，节财薄葬，行三月之丧），并自创一个墨家新派。

　　"墨"不是姓，原是罪犯的意思。《白虎通·五刑》："墨者，墨其额也。""墨"指遭受墨刑（也叫黥刑，在犯人面部刺字并涂墨）之人。一说"墨"义为黑，指劳动者的肤色。钱穆认为，儒犹今之绅士，墨则如今之劳工。

　　因为墨家学派代表的是下层民众，所以墨家门徒都能吃苦。他们身体力行，尽力劳作，以自身劳苦为准则。他们热心救世，内部团结坚强，参加反侵略的抗战，对军事和兵工之学有专门研究。墨家学派在墨子生前就已形成一个大学派，仅《墨子》一书中可考的弟子就有四十多人，无名者更多。《墨子·公输》说：

　　　　然臣之弟子禽滑釐等三百人，已持臣守圉之器，在宋城上而待楚寇矣。

其他子书也多有说到墨家门徒众多的。《淮南子·泰族训》："墨子服役者百八十人,皆可使赴火蹈刃,死不旋踵。"《吕氏春秋·尚德》："孟胜(墨家巨子)死,弟子死之者百八十三人。"《吕氏春秋·当染》："(孔、墨)皆死久矣,从属弥众,弟子弥丰,充满天下。"可见墨子门徒弟子之众。

(2) 墨家学说的衰歇

墨家学说在战国时曾与儒学并称"显学",但秦汉之后却迅速衰歇,原因众说纷纭。有人认为统治者的扬儒抑墨使墨家式微;有人认为和墨家的集团活动有关;也有人认为是"逃墨归杨",都改行了。郭沫若猜测墨家所有的弟子最后可能都死在一次秦人的保卫战争中,鲁迅则认为墨家后来流而为侠,而且是一些"取巧的侠"。他在《流氓的变迁》中说:

> 孔子之徒为儒,墨子之徒为侠。"儒者,柔也",当然不会危险的。惟侠老实,所以墨者的末流,至于以"死"为终极的目的。到后来,真老实的逐渐死完,止留下取巧的侠,汉的大侠,就已和公侯权贵相馈赠,以备危急时来作护符之用了。

墨家学说自秦汉之后一直衰歇,直至清中叶才重新受到重视。墨家作为一个学派,不同于儒家和道家,它组织严密,是一个政治性帮派,且带有宗教色彩,强调绝对服从,勇于献身。领袖人物称"巨子",巨子对手下徒众有执行严格纪律的权力,所以这一学派的徒众能拉出去打仗,能做到"赴火蹈刃,死不旋踵"。这是其他学派难以做到的。它的衰歇或许就和墨家的帮派性质有关。

墨家在生活上奉行节俭原则,"短褐之衣,藜藿之羹""量腹而食,度身而衣"。只要有饭吃,有衣穿就行,生活上没有很高的要求,以"自苦而为义"(《墨子·贵义》)。

在人际关系方面,墨家奉行的是利他主义,损己而利人。《孟子·尽心上》说:

> 墨子兼爱,摩顶放踵利天下,为之。

哪怕从头顶到脚跟都擦伤了,只要是有利于天下的,就心甘情愿去做。这就是墨家的"兼爱"。在具体的行为上,墨家人物富有一种抑强扶弱的任侠精神,只要符合道义,他们愿意损害乃至牺牲自己。

> 《经上》:"任,士损己而益所为也。"
> 《经说上》:"任,为身之所恶,以成人之所急。"

这或许就是鲁迅认为墨家后来"流而为侠"的原因。当然,这样的侠只能是那些"真老实的"侠。

在这种利他主义思想的指导下,墨家甚至可以大义灭亲。《吕氏春秋·去私》记载了一个墨家巨子腹䵍(tūn)杀死儿子抵命的故事。这就是"墨者之法"。

《墨子》目前最通行的本子是孙诒让的《墨子间诂》,这是集清代治墨大成的注本。

4. 法家

（1）法和法家

"法"字原作"灋"。《说文解字》说:

> 灋,刑也。平之如水,从水;廌,所以触不直者,去之,从（廌）去。法,今文省。佱,古文。

按《说文》的解释,"法"有二义:其一,刑法、刑罚;其二,按古文从"亼"（同集）从"正"会意,"法"有匡正、使合乎规范义。"廌"是传说中的独角神兽,能分辨是非,以角抵触不正直的人,则法家之法当取刑法义。法贵乎平,刑法应像水一样平正,所以"法"从"水"。法家的主旨就在于使刑罚的执行平等而公正。这就是"法"的初义。

班固《汉书·艺文志·诸子略》说:

> 法家者流,盖出于理官。信赏必罚,以辅礼制。

法家这一流派出自审理狱讼的法官。这一学派赏罚分明,该赏的一定赏,该罚的一定罚,法家就是用这种方法来辅佐礼制的。礼若不足以制之者,即以法来治之。司马谈《论六家要旨》进一步强调了法家的这种法治观念：

> 法家不别亲疏，不殊贵贱，一断于法，则亲亲尊尊之恩绝矣。

国学概说

法家完全以法为准绳，不讲亲情，也不管地位的高下贵贱，一切皆按法来行事。法是法家治政的唯一原则。"亲亲尊尊之恩绝"，是说在亲情与法、尊长与法之间，法绝对大于情。法不能因情而有所改变，必须"一断于法"，即完全按照法律原则来判断。这就是我们现在所说的法律面前人人平等的意思，体现了法家的进步思想和一种冲破传统观念的唯法是从的变革精神。

（2）法家先驱

法家早期的思想先驱是春秋时的郑国执政子产。公元前536年，子产作《刑书》，并铸于铜鼎上，让国人都知道，以为国之常法。他临终前还特别告诫子大叔说："唯有德者能以宽服民，其次莫如猛。夫火烈，民望而畏之，故鲜死焉；水懦弱，民狎而玩之，则多死焉，故宽难。"（《左传·昭公二十年》）《刑书》是最早公布的成文法，相对于以前藏于官府的不成文法是一大变革，不久各国即纷纷仿效。

法家早期思想的另一个先驱者是春秋时的齐相管仲。管仲辅佐桓公富国强兵，成就了霸业，他的治政观念基本也是崇尚法治的，但又掺杂了王道和礼制的一些思想，尚法而不忘礼，以为"法出于礼，礼出于治，治礼道也。万物待治礼而后定"（《管子·枢言》），因而也比较重视教化的作用。他在《管子》首篇《牧民》里特别强调要以礼义廉耻这四维为教化之道,以为"一维绝则倾,二维绝则危,三维绝则覆,四维绝则灭。倾可正也,危可安也,覆可起也,灭不可复也",所以"四维不张,国乃灭亡";又有"政之所兴在顺民心,政之所废在逆民心",以及"仓廪实而知礼节,衣食足则知荣辱"等说法。这些都和儒家思想比较接近,所以管仲虽崇尚法治,却也有不少儒家思想,是一个处在由儒而法的过渡时期的人物。所传《管子》七十六篇内容博杂,除法治思想外,也杂糅了各家之说,后人多以为非出自管仲之手,也非一时之作。胡适以为是后人把战国末一些法家的议论和一些儒家、道家的议论并合而成的。

（3）前期法家

前期的法家人物主要有李悝、吴起、商鞅、慎到和申不害等。

李悝是孔子学生子夏的弟子,为魏文侯相时实行变法,制定了《法经》。这是我国第一部较完整的法典,在我国刑法史上有承前启后的奠基作用。著《李子》三十二篇,隋时已亡佚,今存黄奭所辑《法经》六篇和严可均所辑李悝文三篇。

吴起是曾子的学生,善用兵,曾为将,有兵法传世。为楚悼王令尹时谋变法,有功于楚。悼王死后为楚公族射杀。著有《吴子》,《汉书·艺文志》说有四十八篇,属兵家权谋类,如今所传仅六篇。

商鞅原是卫国人,叫卫鞅,是卫国的庶孽公子,所以又叫公孙鞅。入秦辅佐孝公变法有功,受封于商,史称商鞅。商鞅以霸道和强国之术说孝公推行变法。变法是商鞅治秦的根本方法,主要内容有：废世卿世禄的分封制而行县制，贵族世袭的特权因此被取消；实行重农重战政策，为从事农耕和有战功者授官加爵；实行厚赏重刑政策，恩威并施，"赏厚而利，刑重而必"（《商君书·修权》）。此外又推行了什伍连坐制，平均赋税，统一度量衡制等，由此奠定了秦国富强的基础。商鞅变法的目的是强国利民，他说"圣人苟可以强国，不法其故；苟可以利民，不循其礼"（《更法》）。由于变法损害了特权阶层的切身权益，所以孝公死后商鞅即被车裂而以身殉法。

商鞅之学源出李悝，《晋书·刑法志》说他是受李悝《法经》"以相秦"的。所传《商君书》原有二十九篇，今存二十四篇。此书非商鞅所著，但书中所阐述的就是商鞅的变法思想。

慎到是赵国人，原学黄老道德之术，后由道而转法，所以他的法家思想多与道家观念相关联。他主张国君应"握法处势"，可以"无为而治天下"。强调法与势的结合，认为国君要懂得利用势作为施行法的保证。如果"君舍法，以心裁轻重，则同功殊赏，同罪殊罚矣，怨之所由生也"。这是告诫君王不能"舍法而以身治"，要用法治来代替人治，"故曰大君任法而弗躬，则事断于法矣。法之所加，各以其分，蒙其赏罚而无望于君也，是以怨不生而上下和矣"。他又特别强调了势位的重要性，认为君王应充分利用自己的势位使令行禁止。他说，如果"尧为匹夫，不能治三人；而桀为天子，能乱天下"，所以没有势位的话，则"贤智未足以服众，而势位足以屈贤者"，其结果就是"贤人而屈于不肖者，则权轻位卑也；不肖而能服于贤者，则权重位尊也"，"吾以此知势位之足恃"。慎到曾讲学稷下，有《慎子》一书传世。《汉书·艺文志》说有四十二篇，《史记·孟子荀卿列传》则说慎到"著十二论",有学者疑"四"为衍字。今本为内外二篇,末附"慎子逸文"。

申不害是郑国人,曾相韩昭侯十五年,"内修政教,外应诸侯,十五年。终申子之身,国治兵强,无侵韩者"(《史记·老庄申韩列传》)。原也学黄老道德之学而主张刑名,由此推衍出人君的驭臣之术:独视、独听、独断。"惟无为可以窥之",谓人君当持虚静无为之术以御人臣。《汉书·艺文志》有《申子》二卷,今已亡佚。

(4) 韩非的法家思想

韩非是法家的集大成者,也是法家思想的最终建立者。韩非之前的子产、管仲和商鞅等人,虽有许多法家的政治主张,但未形成完整的法家体系。至韩非始集其大成而建立了法家这一学派。

法家的哲学基础是道家的自然主义。道家认为自然界的运行有自己的规律,韩非认为人类的行为也应该仿照自然界的规律,建立一定的法规。有了法,人的行为才有遵循的标准,统治者也就能用法来驾驭民众,这样就可以无为而治了。这是符合道家思想的。可见,法家的哲学基础是道家的老子哲学。《韩非子》里有专讲老子哲学的《解老》和《喻老》,这也体现了法家和道家在哲学上的渊源关系。

法家的理论基础是儒家的荀子学说。韩非是荀子的学生,他和荀子的关系更为密切,他的许多思想和理论直接来自荀子。荀子是儒家大师,更是先秦诸子学说的集大成者,他吸收了儒家以外的其他各家思想,已经孕育了不少法家的思想萌芽。如儒家的礼治思想,按荀子的解释,已经和法治思想很接近了。他认为物质分配应按才智和能力高下有所区别。荀子的中央集权和法后王等观念也都是法家思想的理论基础。

此外,法家还非常赞同墨家的"尚同"思想,主张思想上统一于天子,这也是法家思想很重要的一个内容。

从某种意义上说,法家才是先秦诸子学说的集大成者。

法家主张法治而反对人治。因为人治是主观的,随意性强,难以捉摸;法治则是客观的,有公开的制度,有章可循,容易操作。

法家主张法治,并提出术和势来与法配合,以相辅相成。法、术、势的内涵如下:

> 法——以法制管理国家和百姓。
>
> 术——人君驾驭群臣尤其是权臣的手段。
>
> 势——强化君主的权势以利统治。

法家人物中,商鞅重法,申不害重术,慎到重势,至韩非始集其大成,形成了完整的法治理论。

法家思想对后世政治有很大影响,汉以后的许多政治家如萧何、晁错、诸葛亮和曹操等,都是用法家思想来治国的。虽说西汉武帝"罢黜百家,独尊儒术",但在实际操作时,包括汉武帝在内的历代统治者,大多还是以法家思想治国,或外儒内法,或儒法兼行。

法家著作以《韩非子》最为精粹,对后世影响也最大。《韩非子》现存五十五篇,通行的注本有清人王先慎《韩非子集解》、今人梁启雄《韩子浅解》和陈奇猷《韩非子集释》。

5. 名家

（1）何为名家

名家当时也叫"刑（形）名家"或"辩者""辩士"，是以辩论名实问题为中心的一个学派。

先秦诸子多注重实际，注重社会民生，名家却注重论理，注重逻辑思辨。《汉书·艺文志·诸子略》说：

> 名家者流，盖出于礼官。古者名位不同，礼亦异数。孔子曰："必也正名乎！名不正则言不顺，言不顺则事不成。"此其所长也。

名家以正名为主要的思考对象。他们在"名"和"实"即概念和事实的关系问题上，主张"控名责实，参伍不失"（《史记·太史公自序》）。代表人物是惠施和公孙龙。早期则有邓析，《汉书·艺文志》列为名家第一。

（2）名家第一的邓析

邓析是春秋末期郑国人，曾做过郑国大夫，子产执政时常与子产作对，搞得郑国大乱。《列子·力命》《荀子·宥坐》言邓析为子产所杀，《左传·定公九年》则说是驷歂杀之，而子产早在昭公二十年就死了。邓析被认为是先秦名家的开创者，班固将其列为名家第一。

邓析善于利用"刑名之辩"搞诉讼。刘向说他"好刑名，操两可之说,设无穷之辞"(《荀子》杨倞注引)。"两可之说"就是他的代表观点。他认为从不同的立场和角度考虑问题,可以得出完全不同甚至截然相反的结论。比如一个富人掉河里淹死了,一个郑国人捞起了尸体,富人家属来赎,但赎金很高,于是向邓析求教。邓析对富人家属说,你放心,他只有一个卖家,只能卖给你。那郑人也来向邓析请教,邓析同样劝他放心,说他们只能从你这里买。这说明事情都有相反相成的两端,如果能把握好两端,就能对事物有比较全面的认识。但这种方法也容易导致诡辩而扰乱法治,《淮南子·诠言训》就曾提到"邓析巧辩而乱法"。这在邓析之后的一些名家身上表现得尤为明显。

(3) 惠施的"合同异"

名家有"合同异"和"离坚白"的派别之分,惠施是"合同异"派的代表人物。

惠施的生活时代在战国中期,大致与庄子同时,是庄子的至友,曾做过魏国的相。他是相对主义者,认为世间万物都是相对的,并无本质的不同。惠施没有著作流传下来,他关于"合同异"的一些学说,保存在《庄子·天下》中。庄子说"惠施多方,其书五车,其道舛驳,其言也不中",称赞他懂得的方术多,所著之书有五大车,但讲的道理却错杂不纯,所说的话也大多不合常识。如关于时间,惠施说:

日方中方睨,物方生方死。

今日适越而昔来。

上句以"中"与"睨"、"生"与"死"相对,意谓太阳正中的时候就是西斜之始,物刚生之日就是死亡之始。下句以"今日"与"昔"相对。"今日"在这里是今时、此刻的意思,不是我们现在所说的"今天";"昔"是过去。"今日"是过去和将来的中介,非常短暂,转瞬间今已非今,今已成昔,所以惠施说"现在来到越国其实是过去来到的"。

关于空间,惠施又说:

> 我知天下之中央,燕之北、越之南是也。
> 南方无穷而有穷。

上句说天下之中央在燕国的北面和越国的南面,意思是任何地方都可以是天下之中央,因为任何一个地方在方向上都可以无穷延伸。下句说南北的空间概念是相对的。南方没有穷尽,永远可以有南方;但相对南方以南的地区而言,南方就是北方,所以南方又是有穷尽的。惠施这类诡异之词还有很多,如"卵有毛""鸡三足""犬可以为羊""火不热""白狗黑"等,此不赘。

(4) 公孙龙的"离坚白"

公孙龙是"离坚白"派的代表人物。他的生活时代晚于惠施,是战国晚期的一个名家辩者,在当时极有影响。他可能出身于没落的贵族之家,曾做过赵国平原君的门客,著作有《公孙龙子》,为现存名家唯一成系统的一部著作。《汉书·艺文志》说"《公孙龙子》十四篇",但至北宋时就已散佚了八篇,如今只剩六篇合为一卷。公孙龙的一些主要观点，都反映在《坚白论》和《白马论》这两篇重要的论文中。

在《坚白论》中，公孙龙提出了"坚白石二"的著名命题。他认为在一块坚而白的石头中，坚和白是彼此离而为二的。坚是硬度，是由手的触觉感知的，白是颜色，是由眼睛的视觉看到的；眼睛只能看到白，看不到坚，手只能感知坚，感知不到白；眼睛看到白的时候，坚是不存在的，手感知坚的时候，白也是不存在的。所以坚和白是彼此离而为二的。

公孙龙最著名的命题是"白马非马"论。他在《白马论》中说：

> "白马非马，可乎？"曰："可。"曰："何哉？"曰："马者，所以命形也；白者，所以命色也。命色者非命形也。故曰白马非马。"

白马为什么不是马？公孙龙的论点是："马"的概念表示的是马的形体，"白"表示马的颜色，表示颜色的不能等同于表示形体的，所以白马不是马。这是从白马和马的内涵上说的，白马由形和色两个概念组成，马只有一个形的概念，两个概念的"白""马"不同于一个概念的"马"。公孙龙接着又从外延上强调，如果白马是马，那么别人问你要白马时，你就能拿黄马或黑马给他，实际上却是不行的，别人问你要白马，你不能给他黄马或黑马。这也说明了白马不是马。

公孙龙的这个命题，其实是逻辑上的个别与一般，也就是属种概念的相互关系问题。马是一般概念，白马是个别概念，两者不等同,公孙龙看到了其间的区别,但他却把这种区别加以无限夸大,割断了两者之间的联系,从而得出个别与一般是对立的,一般不存在于个别之中的荒谬结论。这完全是一种形而上学的思想,使个性完全脱离了共性,后人称之为诡辩。

"合同异"否定了事物之间的差别,"离坚白"又过分强调了这种差别,走向了两个极端,都为诡辩之辞,不可取。但名家对名实关系的辩论,对我国古代逻辑思辨思想的发展,还是有相当贡献的。

关于名家之书,《汉书·艺文志》著录的还有《邓析》《尹文子》《成公生》《惠子》和《黄公》《毛公》等,今均已亡佚,所存者皆伪书。

6. 阴阳家

战国时提倡阴阳五行说的学派,以阴阳说和五行说为其哲学体系,也叫五行家或阴阳五行家。《汉书·艺文志·诸子略》说:

> 阴阳家者流,盖出于羲和之官,敬顺昊天,历象日月星辰,敬授民时,此其所长也。及拘者为之,则牵于禁忌,泥于小数,舍人事而任鬼神。

意思是说,阴阳家这一流派源自羲和之官,羲和之官掌管天地四时,因此这一学派非常敬畏并顺应上天。他们推算历法,观察日月星辰的运行规律,谨慎小心地把天时的变化教授给人民。这是这一派做得好的地方。但是到那些不知变通的阴阳家来做这些时,

第三章 子部概说

就常牵制于一些有关吉凶的忌讳,拘泥于一些方法和手段,从而舍弃了人事的努力而完全听凭鬼神主宰。

阴阳五行学说在战国时盛极一时,《汉书·艺文志》记载有五十二家,著述一千余篇,大致可分为两派。一派以《礼记·月令》和《吕氏春秋·十二纪》为代表,以阴阳五行说的理论来解释季节变化和农作物的生长规律,认为四季的变化由五行的盛衰决定。另一派则以驺衍为代表,把阴阳五行说推衍到社会人事,认为人类社会的发展也受木、火、土、金、水五行的支配,提出了"五德终始"的循环学说。

五德终始也叫五德转移。阴阳家认为五行相生相克,是周而复始循环变化的,于是他们就用这种变化来说明王朝兴替的原因。如,夏为木德,商为金德,夏为商所灭是因为金克木的缘故;同理,商为周所灭,是因为周为火德,火能克金。阴阳和五行原本都具有朴素的唯物主义因素,但由于他们用以论证社会历史的变革和王朝的更替,从而形成了唯心主义的历史循环论。这种学说后来成了两汉谶纬神学的基础。

7. 纵横家

战国时以游说方式从事政治和外交活动的策士被称为纵横家。《汉书·艺文志·诸子略》说:

> 从衡家者流,盖出于行人之官。孔子曰:"诵《诗》三百,使于四方,不能专对,虽多亦奚以为?"又曰:"使乎,使乎!"言其当权事制宜,受命而不受辞,此其所长也。

纵横家这类人物出自外交官,他们的主要特长就是随机应变,灵活应对。一个外交官如果诵读了《诗经》的全部,却在外事活动中不能灵活应对,那么读再多也是没用的。孔子认为做一个外交官很难,因而有"使乎,使乎!"的感叹。外交官应当善于分析利弊,权衡眼前的事实,灵活作出相应对策,因为他们出使时接受的只是国君的任务,并没有接受应对之辞。

纵横家的代表人物是张仪和苏秦,主要的策略是合纵和连横。

所谓合纵就是"合众弱以攻一强",所谓连横就是"事一强以攻众弱"。(《韩非子·五蠹》)一强指秦,众弱指六国;南北为纵,东西为横。所以合纵就是六国南北联合,共同对付强秦;连横则是强秦与六国中的某一国东西联合,来瓦解和对付六国联盟,以便各个击破。

张仪在强秦为相,是连横的代表人物;苏秦于六国拜相,是合纵的代表人物。

战国时,七国纷争不断,谁都想扩大疆土或一统天下,因此竞相延揽策士,纵横家遂得以盛行一时。

据《汉书·艺文志》记载,纵横家当时有十二家,文章有一百零七篇。其中苏秦有《苏子》三十一篇,张仪有《张子》十篇,另有《蒯子》(蒯通)五篇、《邹阳》七篇、《主父偃》二十八篇等。今除《苏子》尚有残篇外,其余都已亡佚。1973 年长沙马王堆汉墓出土的帛书《战国纵横家书》中,又发现有苏秦的书信和说辞。

8. 兵家

先秦时以战争和军事为研究对象的学派,也总称当时的军事家和军事理论家。兵家的代表人物有孙武、孙膑、司马穰苴和吴起等。

《汉书·艺文志·兵书略》分兵家为四类:兵权谋、兵形势、兵阴阳、兵技巧。

兵权谋是兵家中的全才,统帅之才。《兵书略》说:

> 权谋者,以正守国,以奇用兵,先计而后战,兼形势,包阴阳,用技巧者也。

这一类兵家的兵书有《吴孙子兵法》(孙武)八十二篇、《齐孙子》(孙膑)八十九篇、《吴起》四十八篇、《韩信》三篇。今除《吴孙子兵法》残余十三篇,以及1972年在山东临沂银雀山汉墓中发现的《齐孙子》(即《孙膑兵法》)残卷外,其他都已亡佚。

9. 杂家

战国至汉初以博采各派观点为特征的一个综合学派。《汉书·艺文志·诸子略》说:

> 杂家者流,盖出于议官。兼儒、墨,合名、法,知国体之有此,见王治之无不贯。

颜师古解释说:

> 治国之体,亦当有此杂家之说。王者之治,于百家之道,

无不贯综。

　　意思是说杂家这一流派大致源于谏议之官,他们兼合了儒、墨、名、法各家学说,知道治国应该综合各家学说,也看到了王者政治在运用各家学说上是无不贯通的。

　　杂家的特点就是杂取各家观点以形成自己的学说。《吕氏春秋》和《淮南子》是杂家的代表作。

　　《吕氏春秋》为秦相吕不韦门客的集体著述。《史记·吕不韦列传》说:

　　　　当是时,魏有信陵君,楚有春申君,赵有平原君,齐有孟尝君,皆下士喜宾客以相倾。吕不韦以秦之强,羞不如,亦招致士,厚遇之,至食客三千人。是时诸侯多辩士,如荀卿之徒,著书布天下。吕不韦乃使其客人人著所闻,集论以为八览、六论、十二纪,二十余万言。以为备天地万物古今之事,号曰《吕氏春秋》。

　　《吕氏春秋》全书二十六卷,一百六十篇,虽出自众人之手,杂糅了儒、道、墨、法、名、农、兵和阴阳、纵横、小说各家学说,但编著体例还是相当谨严的。此书未经秦火,因而从史料角度看,它保留了许多业已散失的诸子百家书的片言只语,也是十分宝贵的一部古籍。注本有今人陈奇猷《吕氏春秋校释》。

　　《淮南子》又名《淮南鸿烈》,是西汉淮南王刘安主持编纂的一部哲学著作。刘安是刘邦的孙子,为人博雅好古,门客也多达数千人。《淮南子》也是一部由门客集体著述的书,作者队伍的构成很庞杂,学术思想的来源具有多元性,行文风格也不统一,内容更是包罗万象,几乎无所不有。宋黄震《黄氏日钞》说:

> 凡阴阳造化,天文地理,四夷百蛮之远,昆虫草木之细,瑰奇诡异足以骇人耳目者,无不森然罗列其间。

但此书的主导思想却是道家的老子思想,它继承了老子的道的学说。《淮南子》第一卷就是《原道训》,以为道无所不在,无所不包,是宇宙的本体、万物的本原。《汉书·艺文志》把它归入杂家,可能是书中各家各派的学术思想未能完全融会贯通于道家的缘故。

杂家的出现,是各学派观点趋向融合的表现。这种融合,似乎也是七国行将一统的时代之必然。

10. 稷下学宫与稷下先生

稷下学宫是齐国为学者提供讲学和学术交流的一个活动场所。始于齐桓公午,历威王、宣王、湣王而终于齐襄王,前后一百余年,对先秦学术的繁荣有过很大影响。

稷下在齐国首都临淄的西门附近,齐桓公仿效当时的养士之风,在稷下设置学宫,招揽各国学者。凡来稷下的学者,都给予优厚待遇,如授予大夫之职,配置住宅和车马随从等,总之使他们免除物质生活的后顾之忧,潜心学术文化活动。一时间,学者纷至沓来。《史记·孟子荀卿列传》说:

自驺衍与齐之稷下先生，如淳于髡、慎到、环渊、接子、田骈、驺奭之徒，各著书言治乱之事，以干世主，岂可胜道哉！

那时来到稷下的还有宋钘、尹文和荀子等，将近一千个文人学士，一时盛况空前。稷下成了战国中后期最大的学术活动中心，集中了当时知识界的许多精英。

在稷下学宫，学者们享有充分的学术自由，他们可以表达自己的思想和学术观点，可以互相争论，也可以批评时政，还可以自由离去。总之，没有任何约束，没有统一的学术观点，也没有统一的政治要求，是一个学术思想可以自由争鸣的理想之地。

因此，当时各种重要学派，都可以在这里找到他们的代表人物。这些人被称为稷下先生。其中著名的有：驺衍、淳于髡、田骈、接子、慎到、宋钘、尹文、环渊、田巴、鲁仲连和荀况等。

三、秦汉以后的诸子学

先秦时期，诸子百家各著书立说，冯友兰先生称之为"子学时代"，也就是"诸子时代"；秦汉以后，学者和思想家们以注释经典、诠释义理为业，尤其是儒家经典，冯友兰先生称之为"经学时代"，其实不妨称之为"儒学时代"。诸子时代是创造性时代，儒学时代是诠释性时代，诠释的对象是经，主要是儒经，诠释者便是子，是先秦以后的诸子。

1. 汉唐儒学

从战国到汉,诸子学说经历了一个发展变化的过程。秦始皇欣赏韩非而崇尚法家,遂有一统天下之后的焚书坑儒之举,这是法家集权思想的必然结果;汉初学术尚无可言者,至文景之世,因窦太后信奉黄老的缘故,道家思想曾盛极一时,政策相对清静无为;汉武帝时始兴儒术,儒学遂由显学而独尊,先秦诸子则逐渐衰歇,开始了一个新的经学时代——儒学盛行的时代。从此以后,儒学之外的诸子之学都未能立于学官。中国学术史大体以儒学为主绵延了两千多年。其间虽曾有魏晋玄学盛行,一时间老庄道学似有凌驾儒学之上的趋势,但未能完全取代儒学的主流地位,所以到了唐代,儒学又重新复兴,以后的宋明理学和清朴学也都是依傍儒学的。

儒学经典在历史上有过从六经、五经、九经到十三经的演化。六经之名始见于《庄子·天运》,形成于战国中后期,汉初也屡见征引;至汉武帝时遂有五经之说,置五经博士,立于学官;至李唐而有九经之说;赵宋以后扩至十三经。

汉代是儒学经典确立独尊地位并进入繁荣的重要时期,大致可分为四个阶段:

汉初至文景之世为第一阶段,这个阶段鉴于秦之焚书曾广开献书之路,鼓励民间献书,先秦诸经得以重见天日。于是朝廷设立经学博士传经,但传经者各守门户,自成流派。《汉书·儒林传》说:"汉兴,言《易》自淄川田生;言《书》自济南伏生;言《诗》,于鲁则申培公,于齐则辕固生,燕则韩太傅;言《礼》则鲁高堂生;言《春秋》,于齐则胡毋生,于赵则董仲舒。"五经各有专习,逐渐形成了师承关系和家法。

武帝至成帝为第二阶段，儒术独尊，儒学开始繁荣。立五经博士，朝廷招收博士弟子，地方也以考试的方式引导和鼓励学经，甚至规定读通一经的人可以免除徭役，也可以为官，极大地提高了儒经的地位；其时帝王又常亲自召集儒生讲经。这些都直接推动了儒家经学的繁荣。

西汉哀帝至东汉章帝为第三阶段，是儒经的分化和对立时期。古文经学的研究已形成相当规模，开始向朝廷争立官学地位，挑战今文经学，指责今文经学"保残守缺"，逐渐引起了朝廷的注意，古文经学家也逐渐多了起来。此时还出现了一种带有神秘预言色彩的谶纬，肆意比附儒学经书，多与今文经学结合，形成一种独特的文化现象。

东汉和帝至汉末为第四阶段。古文经学在这一阶段得到了长足的发展，在研究《毛诗》和《左传》等经书上取得了相当成绩，学习者众。同时也出现了一些兼治数经甚至兼治今古文经学的学者，如许慎、马融、郑玄。尤其是郑玄，以古文为宗，兼摄今文乃至谶纬，成为当时"通学"的代表，被称为"郑学"。今古文经学在这时逐步走向了融合。

在玄学复兴的魏晋时代，曹魏王肃遍注群经，称"王学"，一时压倒了"郑学"，成为儒学的主导。东晋元帝之后，郑注多立于学官，重新成为儒学的主流。之后南北朝隋唐的儒生，在疏解前人注文上下了很大功夫。

唐代儒学的复兴比较曲折。李唐的文化政策是儒释道三教并行，儒学要复兴，势必就要排斥释道二教。韩愈极力排佛，目的就

第三章　子部概说

在于复兴儒学。为此作出努力的首先是唐初的经学大师孔颖达，他受诏为儒经注疏的《五经正义》虽并无发明，但全面清理了儒家的文化遗产，为后来的儒学复兴作了准备。中唐时，以杜甫和韩柳为代表的文人，以文学运动的方式，从诗歌和散文两个方面着手，诠释儒家学说，复兴儒学，努力使儒学重回独尊的正统地位。但他们的努力在晚唐并未得到有力的继承，儒学始终未能在唐朝取得独尊的地位。与此形成鲜明对比的却是佛学大盛，还衍生了禅佛。儒学复兴的重任就此落到了北宋儒者的身上。

2. 魏晋玄学

玄学即玄远之学，是魏晋时代主要的学术思潮。"玄远"一词始见于《世说新语·德行》："晋文王称阮嗣宗至慎，每与之言，言皆玄远，未尝臧否人物。"

宋代石刻老君岩

魏晋时代，道家思想复兴，儒学相对衰微，时人称道家之学为玄学。玄学家喜好《周易》《老子》和《庄子》，把这三部书看作研究玄学的主要经典，称为"三玄"，所以玄学也叫三玄之学，或新道家之学。

魏晋玄学在当时有两种不同的行为方式，借用王羲之的话，就是"悟言一室"和"放浪形骸"两种。(《兰亭集序》："夫人之相与，俯仰一世。或取诸怀抱，悟言一室之内；或因寄所托，放浪形骸之外。"）

这是当时士人的生存方式，也是玄学的两种表现方式，其中以"悟言一室"的清谈为多，所以后人也称玄学为清谈玄学。

魏晋玄学重在对义理的探求。玄学家多不守礼法，对旧礼法多有冲击。他们融合儒道两家的思想，好作形而上的思考，由两汉对经学的寻章摘句，转向对经学义理的探求，并以互相论难的清谈方式表现出来。所探讨的内容具有较强的思辨性，如"有无""体用""本末""一多""动静""象意"和"名教自然"等。

魏晋玄学大致经历了三个阶段：

第一阶段是魏正始年间，为玄学的发端期。何晏和王弼首开玄风，何晏作《道德论》，注《论语》，王弼注《老子》和《周易》。他们提倡"贵无"，以无为本，认为无是一切事物产生的原因；认为名教出于自然而崇尚"无为"，主张国君治国应"无为而治"。在认识论上，他们主张"得意忘象"，以为"象"只是传达"意"的媒介，世界本体的"意"虽由"象"来表达，但若发现了本体之后，就必须忘却作为媒介的"象"。只有这样，才能真正得到"意"，也就是得到对世界事物的真正认识。与此同时的，还有阮籍、嵇康的"越名教而任自然"的自在随意的逍遥思想等。

第二阶段是西晋中叶，为玄学的发展和顶峰期。乐广和裴颜（wěi）对何、王的观点有所纠偏，对自然与名教的关系作了新的解释，提出"自然不离名教"的思想，代表论点是"崇有论"。郭象又发展了裴颜的"崇有"思想，他在《庄子注》中主张名教与自然一致，"贵无"和"崇有"合一，提出了"无不能生有"的命题，把玄学理论推向了高峰。在哲学上他提出了"独化"和"玄冥"的主张，认为万物都是自生的,都是为自己而存在的,并没有什么主宰,但是物与物之间却存在着各种必要的关系,它们的存在是外界一定条件或环境的必然结果,在玄冥之境中,所有的物都是能够得到统一的。

第三阶段是东晋南朝时期,为玄学的式微期。玄与儒融合,士人依礼而行。《晋书·江统传附子惇》:"(惇)性好学,儒玄并综。每以为君子立行,应依礼而动,虽隐显殊途,未有不傍礼教者也。"那时的士人崇尚玄学,却又以儒学的名教为准绳。此时佛学也侵入了玄学,统治者多谈玄崇佛,以玄学来探研佛理,佛教的般若学各宗,大多也以玄学的语言来解说佛教的经义,于是佛教渐盛而玄学式微。

3. 宋明理学

理学就是性理之学,这是宋代经学研究的特点。

程颢、程颐像

宋儒在研究儒家经典时,往往撇开旧有的注疏和训诂,直接从儒家经典的原文去阐释义理和性命，因而被称为"性理之学"，简称就是"理学"。宋代理学者认为，自己是直接继承了孔孟道统的，所以又自称"道学"，用以强调自己是儒学的正统，后人也称之为"新儒学"。

理学的创始人是北宋周敦颐、程颢和程颐等人。但北宋时理学体系尚不完备，也不系统，直至南宋朱熹时才集其大成，形成了一个完备的体系。

朱熹所建立的理学是一个客观唯心主义的体系。他认为"理"是能够离开事物而独立存在的客观的实体，是万物的本原，是永恒而至高无上的。

他说："未有天地之先，毕竟也只是理，有此理，便有此天地。若无此理，便亦无天地，无人无物，都无该载了。"所以他认为研究学问就应该"即物而穷理"，应该"穷理以致其知，反躬以践其实"。

朱熹还把"理"引入封建的道德范畴，借以宣扬三纲（君为臣纲，父为子纲，夫为妻纲）五常（仁义礼智信）的思想，并提出"存天理，弃人欲"的要求，号召人们放弃私欲而服从天理，遵守封建的伦理纲常。

朱熹的思想渊源于程颐（伊川），后人称为"程朱理学"。

和朱熹同时代的陆九渊的理学思想则与之对立，为主观唯心主义的一派。

陆九渊有所谓"心即理"之说，认为天理、人理和物理都只在人的心中；认为"心"是宇宙的本体，"宇宙便是吾心，吾心即是宇宙"，只要加强自己的内心修养，就能达到"与天地万物为一体"的境界。因此为学就应该先"发明本心"，"六经皆我注脚"。

明朝的王守仁（阳明）进一步提出"心外无理"的说法，认为

"万事万物之理不外于吾心"。后人称这一派理学为"陆王心学"。

4. 清朴学

"朴学"一词始见班固《汉书·儒林传·欧阳生传》:"(倪)宽有俊材,初见武帝,语经学。上曰:'吾始以《尚书》为朴学,弗好,及闻宽说,可观。'乃从宽问一篇。"

朴学原指质朴之学,后用以指称汉学中的古文经学派,因古文经学派注重名物的训诂与考据。现多借以指清代的乾嘉学派,因这一学派治经,注重的也是训诂考据,有别于宋儒的性命之学。

清朴学的开创者是明清之际的顾炎武。顾炎武治学的宗旨是"博学于文""行己有耻"。他的治学方法是"读九经自考文始,考文自知音始",强调音韵在解经中的重要作用,著有《音学五书》。他还主张要根据经书和历史来立论,以达到"明道救世"的目的。

顾炎武之后,学者们继承了古文经学的训诂方法,用于对古籍的整理和语言文字的研究,遂被称为"朴学",也叫"汉学"。因为清代朴学在乾隆、嘉庆两朝是全盛期,所以也被叫作"乾嘉学派"。

乾嘉学派有两大主要的支派:吴派和皖派。

吴派以惠栋为首,以惠栋为吴县人而得名。他们的学风是:好古、信古、博学。惠栋博览群书,著有《九经古义》等书。他对汉儒旧说的态度简直到了迷信的程度,不论是非一概接受,"凡古必真,凡汉皆好"。因而这一派对散佚的汉儒旧说尽力搜求,为考据家提供了丰富的第一手材料。章学诚喻之为吃桑叶而不吐丝的蚕。

吴派著名的经学大家有余萧客、江声、钱大昕、孙星衍、王鸣盛、洪亮吉等。

皖派以戴震为首，以戴震为皖南人而得名。他们的学风是：实事求是、无征不信。这一派学者主张经学研究应以文字学为基础，应从音韵训诂和典章制度等方面着手来阐释经典的大义和哲理。他们敢于突破汉人旧说，以详博的考据提出自己的新见，分析条理缜密而严谨，但失之于烦琐碎细。

皖派著名的经学大家有程瑶田、段玉裁、王念孙、王引之等。

乾嘉学派整理的古籍范围很广，从经书的校订一直扩大到诸子和史籍，从对经义的训释一直扩大到对历史地理、金石小学、音韵训诂、天算乐律和典章制度等的考究，对中国学术的研究有很大贡献。

第三章 子部概说

第四章　集部概说

一、集与集部

1. 何为集

"集"字从隹从木会意,会一只短尾鸟栖于树上意。但是籀文却是会意三鸟聚于树上,楷字作"雧"。"三"示多,所以《说文解字》释为"群鸟在木上"。桂馥《说文解字义证》引《禽经》说:"独鸟曰止,众鸟曰集。"这是"集"的初义。引申而有聚集、会合义,如"天下云集响应"。用于书籍,则可指称汇辑单篇作品的书册,如"诗集""文集"。

两汉时尚无"集"名,多称"篇",如"所著某某凡十八篇"。《汉书·艺文志》分著录的图书为六类:六艺略、诸子略、诗赋略、兵书略、数术略、方技略。其中"诗赋略"又分屈赋之属、陆赋之属、荀赋之属、杂赋、歌诗五类,都不称"集"。

《隋书·经籍志》以为"集"名始创于东汉,谓"别集之名,盖汉东京之所创也",说是"自灵均已降,属文之士众矣,然其志尚不同,风流殊别。后之君子,欲观其体势,而见其心灵,故别聚焉,名之为集",是为"别集"。但这段记载中那个"盖"字,原为推测不定之词,所以说"集"名始创于东汉,恐非确论。

从文献看,"集"名始见于汉魏之际,如三国魏曹丕《与吴质书》之"顷撰其遗文,都为一集",《三国志·蜀书·诸葛亮传》的"亮言教书奏多可观,别为一集"。这是目前所见以"集"指称书册的最早的文字记载。

2. 集部及其分类

"集部"之称始见于《隋书·经籍志四》:

> 古者陈诗观风,斯亦所以关乎盛衰者也。班固有《诗赋略》,凡五种,今引而伸之,合为三种,谓之集部。

"集部"源自班固的《诗赋略》,只是范围扩大到了散文。凡非经、史、子之文,都可归为集部。因为"集"除聚合义外还有杂义,所以集部内容比较庞杂。《隋书·经籍志》所收集部书,凡称"集"者,多为杂集各种文体或各种学术文字而成。

《汉书·艺文志序》说"(刘)歆于是总群书而奏其《七略》,故有《辑略》",颜师古注:"辑与集同,谓诸书之总要。"可见"辑略"之"辑"或为"集部"称"集"之源。

《隋书·经籍志》的"集部",在班固《诗赋略》所分五类的基础上"引而伸之",归为三类,即楚辞类(十部)、别集类(四百三十七部)、总集类(一百零七部),凡五百五十四部,而以"道经"和"佛经"附于其后。清《四库全书总目》于此三类之外,另增"诗文评"和"词曲"两类。这就是现在的集部。原附于其后的"道经"与"佛经"改附"子部"之后,称"释家类"和"道家类"。

第四章　集部概说

二、别集

集部五类以"楚辞"居首,而"楚辞"就其性质言,其实与"总集"同,所以就归在"总集"一起说。先说"别集"。

别集为个人诗文词曲以及其他各类文字的汇编。无论有韵无韵,都可编之成集,内容最为庞杂。因此别集的文字,并非都具文学性,不同于如今个人的文学选集。

古人别集主要有自编与替别人编两种。六朝之前,著者遗文多为后人追录成书,汉魏人的别集大多是后人辑录的,如司马相如、孔融。别集自编始于南朝,《四库全书总目》认为始于南朝齐张融《玉海集》。其实之前已有曹植自编的赋集《前录》,曹植在自序中说自己将所写之赋"删定别撰为《前录》七十八篇"。这可视为自编别集之始,只是未用"集"字为书名。

从总体上看,古人自编的别集不多,大多由他人如朋友、弟子或子孙所编。如曹丕就为已去世的徐幹、陈琳、应玚、刘桢等人编过文集,这被认为是替人编别集之始。许多名家的集子大多也非自己所编,如韩愈的集子是其女婿所编,柳宗元的集子是刘禹锡所编,陈亮的则为其子所编。

除了上述两种之外,别集还有由后人补辑的。或者原来并没有这个集子,或者虽有但已散佚,后人或辑或补以成其集。

据《四库全书总目》所载,历代的别集凡九百六十一部,一万八千零三十六卷;存目一千五百六十八部,一万六千四百三十九卷。可见别集的规模很大。以下略举汉魏六朝、唐宋、元明清三个时期比较重要的别集书名以窥豹一斑。

汉魏六朝：《扬子云集》（西汉扬雄）、《诸葛亮集》（三国蜀孔明）、《曹子建集》（三国魏曹植）、《嵇中散集》（三国魏嵇康）、《陶渊明集》（晋陶潜）、《谢康乐集》（南朝宋谢灵运）、《鲍参军集》（南朝宋鲍照）、《谢宣城集》（南朝齐谢朓）、《庾子山集》（北朝周庾信）。

唐宋：《孟浩然集》（唐孟浩然）、《王右丞集》（唐王维）、《李太白全集》（唐李白）、《杜工部诗集》（唐杜甫）、《韩昌黎集》（唐韩愈）、《白氏长庆集》（唐白居易）、《柳河东全集》（唐柳宗元）、《樊川诗集》（唐杜牧）、《李义山诗集》（唐李商隐）、《温飞卿集》（唐温庭筠）、《范文正公集》（宋范仲淹）、《欧阳永叔集》（宋欧阳修）、《元丰类稿》（宋曾巩）、《临川集》（宋王安石）、《苏轼诗文集》（宋苏轼）、《山谷集》（宋黄庭坚）、《李清照集》（宋李清照）、《陆放翁集》（宋陆游）、《稼轩长短句》（宋辛弃疾）、《白石诗词集》（宋姜夔）、《朱熹集》（宋朱熹）。

元明清：《元遗山诗文集》（金元之际元好问）、《宋文宪全集》（明宋濂）、《震川先生文集》（明归有光）、《王阳明全集》（明王守仁）、《袁中郎全集》（明袁宏道）、《牧斋有学集》（清钱谦益）、《吴梅村全集》（清吴伟业）、《亭林诗文集》（清顾炎武）、《曝书亭集》（清朱彝尊）、《望溪文集》（清方苞）、《小仓山房集》（清袁枚）、《瓯北集》（清赵翼）、《惜抱轩全集》（清姚鼐）、《龚自珍全集》（清龚自珍）。

第四章 集部概说

三、总集

　　总集与别集不同，为多人的诗文汇集，实际是多人的诗文选集。总集之名首见南朝梁阮孝绪《七录·序目》之"文集录第三曰总集部"。

　　最早的总集是《诗经》和《楚辞》。但两者已别有归属，所以《隋书·经籍志》以晋挚虞所编《文章流别集》为最早的总集。《四库全书总目》说：

　　　　文籍日兴，散无统纪，于是总集作焉。一则网罗放佚，使零章残什，并有所归。一则删汰繁芜，使菁稗咸除，菁华毕出。是固文章之衡鉴，著作之渊薮矣。《三百篇》既列为经，王逸所裒又仅《楚辞》一家，故体例所成，以挚虞《流别》为始，其书虽佚，其论尚散见《艺文类聚》中，盖分体编录者也。《文选》而下，互有得失。

　　这是说总集的编录，是因为历代文籍越来越多而散乱没有条理的缘故。总集的编录要"删汰繁芜"，有所选择，所以总集就其实际而言都是选集。最早的总集是《诗经》，其次是《楚辞》。但《诗经》已入经部，《楚辞》又为别集之一类，不在总集内，于是称晋挚虞的《文章流别集》为总集之始。但《流别》又早已亡佚，于是我们如今所能见到的最早的总集，就是南朝梁昭明太子萧统所编录的《文选》。

历代总集的数量也非常可观,《四库全书总目》所录有一百六十五部,九千九百四十七卷;存目三百九十八部,七千一百三十四卷。以下择要简说。

1.《楚辞》

《楚辞》是继《诗经》之后又一部诗歌总集。"楚辞"是楚国诗人屈原在楚地民间歌谣基础上首创的一种新的诗歌样式,"书楚语、作楚声、纪楚地、名楚物",具有浓厚的楚国地方特色。屈原之后,楚人宋玉、唐勒、景差等都有仿作,至汉代又出现大量模拟之作,西汉末年刘向遂辑录此类作品汇为一集,称作《楚辞》。

刘向辑录的《楚辞》共十六篇,其中屈原八篇,为《离骚》《九歌》《天问》《九章》《远游》《卜居》《渔父》《招魂》(其中《远游》《卜居》《渔父》三篇著作权尚有异说),其余宋玉、景差、贾谊、淮南小山、东方朔、严忌、王褒和刘向各有一篇。东汉王逸作注时,又附入自己的一篇《九思》于卷末,遂为十七篇,书名《楚辞章句》。今所传之《楚辞》就是王逸的注本。

《楚辞》在中国文学史上地位很高,常与《诗经》并称"风骚"。鲁迅甚至认为《楚辞》对后代文学的影响超过了《诗经》:

> 较之于《诗》,则其言甚长,其思甚幻,其文甚丽,其旨甚明,凭心而言,不遵矩度。故后儒之服膺诗教者,或訾而绌之,然其影响于后来之文章,乃甚或在《三百篇》以上。(《汉文学史纲要》,《鲁迅全集》第9卷)

2.《文选》

我国现存最早的一部诗文选集,南北朝时梁萧统(501—531)编选。萧统是梁武帝萧衍的长子,未及即位而去世,死后谥昭明,世称昭明太子,所以《文选》又称《昭明文选》。

《文选》其实也是我国现存最早的一部诗文总集,收录先秦至梁普通七年(526)凡一百三十位作者的七百多篇作品。古代许多作品依赖《文选》得以流传至今。

《文选》对"文"的选录标准重在语言艺术,如萧统所说"事出于沉思,义归乎翰藻"(《文选序》)。意思是说,文章必须是精心构思的,思想也必须是通过有文采的语言来表达的。根据这个标准,《文选》不选经书和诸子,史书也只选论、赞、序、述。这种选录标准代表了当时对文学的基本看法。

《文选》所选录的文章大致归为诗歌、辞赋、杂文三大类,又细分为三十八小类:

赋、诗、骚、七、诏、册、令、教、策文、表、上书、启、弹事、笺、奏记、书、移、檄、对问、设论、辞、序、颂、赞、符命、史论、史述赞、论、连珠、箴、铭、诔、哀、碑文、墓志、行状、吊文、祭文。

其中赋类根据内容又分为十五门,诗类根据内容又分为二十三门。这样的划分显得有些烦琐。

《文选》在唐宋时非常风行,是读书人的必读书,因为当时以诗赋取士,考试注重文采,以至有"《文选》烂,秀才半"的谚语流行。当时注释《文选》居然也成了专门之学,称为"选学",这在古代绝无仅有。当时最著名的"选学"权威是李善,他的《文选注》为注释《文选》语源和典故,征引的书目竟然多达一千六百八十九种,历来史家因有"淹贯古今"的赞誉。

唐时另有五臣(吕延济、刘良、张铣、吕向、李周翰)注本行世,号"五臣注"。南宋时两种注本合刻为一册,题名"六臣注"。

北宋初年编有一部题为《文苑英华》的大型诗文总集,所收诗文之时限上继《文选》,始于南朝梁而下讫五代,凡一千卷。收作者二千二百余人,诗文近二万篇,极为丰富。分类仿照《文选》,类下再分目。宋代还有另外三部大型总集——《太平御览》(官修类书)、《太平广记》(小说总集)、《册府元龟》(官修类书),与《文苑英华》合称"宋四大书"。宋代能编此"四大书"的原因,应与宋太祖所制定的"崇文抑武"国策有密切关系。因为"崇文",宋代的文人生活相对悠闲,文化因此繁盛,才有此四部大型总集之成。

3.《玉台新咏》

南北朝时期的一部诗歌总集,南朝陈徐陵(507—583)编选。这部诗集选录了汉魏到南朝梁代的诗歌,共七百六十九篇,都是有关男女闺情的诗歌。"玉台"的取义,旧说比喻女子的贞洁,但从徐陵的序文看,似乎指的是后庭,意思是专供后庭歌咏的。据近人考证,这原是一部供梁元帝萧绎的徐妃用以排遣忧闷的读物。

《玉台新咏》的取材偏于闺情,多绮罗脂粉类作品,内容不外离愁别恨与中道捐弃,范围比较窄,但也不乏反映当时社会现实的好作品。如《上山采蘼芜》表现了男子喜新厌旧的社会现象;《陌上桑》刻画了一个机智勇敢而又美丽的女性秦罗敷,同时揭露了统

第四章 集部概说

治者的荒淫无耻；《古诗为焦仲卿妻作》更是以一个家庭的悲剧，揭示了封建礼教的罪恶，是古代民间叙事诗中最杰出的现实主义诗篇。

4.《古诗源》

唐以前历代诗歌选集，清人沈德潜（1673—1769）编选。沈德潜认为诗发展到唐代达到鼎盛，但唐诗并非凭空出现，而是由唐以前的诗歌逐渐发展而来的。为了让读者了解诗歌发展的渊源，他在编完《唐诗别裁集》之后，又编选了这部自上古至陈隋的古诗选本。他在序言中说：

> 诗至有唐为极盛，然诗之盛非诗之源也。……祭川者先河后海，重其源也。唐以前之诗，昆仑以降之水也。……唐诗者宋元之上流，而古诗又唐人之发源也。予前与树滋陈子辑唐诗成帙，窥其盛矣，兹复溯隋陈而上，极乎黄轩。凡三百篇、楚骚而外，自郊庙乐章讫童谣里谚，无不备采。书成，得一十四卷。不敢谓已尽古诗，而古诗之雅者略尽于此。凡为学诗者导之源也。

可见，他编这部诗选是为了引导学诗者寻找诗的源头，所以就命之为《古诗源》。

《古诗源》是一部资料性的诗歌选本，选辑唐以前除《诗经》与《楚辞》之外的诗歌凡七百余首，分为十四卷，计古逸一卷、汉诗三卷、魏诗二卷、晋诗三卷、南朝宋诗二卷、齐梁诗二卷、陈与北朝诗一卷。沈德潜选录诗歌的范围较为广泛,唐以前的一些著名诗篇大多已选录在内,他还从一些古书中辑录了不少民间的歌谣,内容相当丰富,既是唐以前古诗的读本,也是研究古诗的重要参考资料。

5.《乐府诗集》

汉以前传说的古歌辞和汉至唐五代乐府诗歌的总集,宋人郭茂倩编著。全书一百卷,分为十二大类:

> 郊庙歌辞十二卷、燕射歌辞三卷、鼓吹曲辞五卷、横吹曲辞五卷、相和歌辞十八卷、清商曲辞八卷、舞曲歌辞五卷、琴曲歌辞四卷、杂曲歌辞十八卷、近代曲辞四卷、杂谣歌辞七卷、新乐府辞十一卷。

每一大类下按曲调细分为若干小类。

郊庙歌辞是用于朝廷祭祀大典的乐歌;燕射歌辞用于朝廷的宴会和宾射之礼;鼓吹曲辞用于朝会、田猎、游行等,原是一种军乐;横吹曲辞来自西域,是一种在马上吹奏的军乐;相和歌辞是俗乐,是用丝竹伴奏的民间乐歌,为乐府诗的精华部分;清商曲辞是江南一带的民歌;舞曲歌辞是配合燕飨舞蹈的乐歌;琴曲歌辞是用琴伴奏的乐歌;杂曲歌辞多为反映当时社会生活的俗乐,也是乐府诗的精华;近代曲辞收录的是隋唐五代的乐府,多为文人作品,有类后来出现的词,在当时属新兴流行歌曲;杂谣歌辞为历代民间歌谣、童谣和短歌等,比较庞杂;新乐府辞指唐代诗人自拟的与音乐无关的歌行体乐府,是一种新的诗体,肇始于杜甫而倡导于元稹、白居易。

《乐府诗集》在每一大类的卷首都有解题,说明该类歌曲的音乐特征和曲调来源等,"征引浩博,援据精审,宋以来考乐府者,无能出其范围"。这些征引浩博的解题,有助于研究者了解乐府诗歌的源流。

6.《全唐诗》

唐诗总集,清康熙时所编。全书九百卷,收诗人二千二百余人,诗四万八千九百多首。全书以帝王和后妃作品居首,然后是用于郊庙祭祀的乐章乐府、按时代编排的各家诗人、联句和残句、名媛和僧道等的作品,以及谚、谜等韵文,最后以词压卷。

《全唐诗》所谓的"全"是个相对概念,传世的唐诗也是无法收"全"的,后人还在不断地做辑补工作。中华书局《全唐诗外编》的出版,便是一些学者辛勤辑补的成果,可补《全唐诗》之遗漏。

7.《唐诗别裁集》

唐诗选集,清人沈德潜与陈树滋合选。此书最初的抄本名《唐诗宗》,后改名"别裁"。"别裁"一词源自杜甫诗《戏为六绝句》(其二)的"别裁伪体亲风雅"。沈德潜在序言中说明了他取名"别裁"的意思:

> 既审其宗旨,复观其体裁,徐讽其音节,未尝立异,不求苟同,大约去淫滥以归雅正。

选诗的宗旨在"归雅正",也就是杜甫所说的"亲风雅",不收"淫滥"之诗。

《唐诗别裁集》是一部中型的唐诗选本,初刻于康熙五十六年(1717),选诗一千首左右。初刻选诗注重格调和温柔敦厚,所以许多好诗都未能入选。乾隆二十八年(1763)出增选本,突破了初刻的选诗宗旨,增选了许多长期流传的富有想象的诗,以至篇幅扩大近一倍,共选录二百七十余家的诗一千九百二十八首。所选之诗大多精当,各家重要作品在增选本中差不多都能见到。

选本按五古、七古、五律、七律、五言长律和五、七言绝句形式分类编排,并附有诗人小传和编选者评语与圈点,有助于读者的理解与欣赏。

沈德潜另选有《宋诗别裁集》《元诗别裁集》《明诗别裁集》和《清诗别裁集》,合称"五朝诗别裁集"。

8.《唐诗三百首》

小型的最流行的唐诗选本,清人孙洙(蘅塘退士)编选。这是一本以《唐诗别裁》为蓝本再加以选择而成的选本。此书一出,即大受青睐,在民间广泛流行,一直影响到现在。历代唐诗的选本超过一百种,大多影响不大,唯有这本才真正称得上家喻户晓、雅俗共赏,数百年来畅行不衰。

《唐诗三百首》共选诗三百余首,为方便模仿学习,按五古、七古、五律、七律、五绝、七绝和乐府的不同诗体分类编排。孙洙选诗的标准只有浅显易懂和脍炙人口两条,这是三百首流行的基础。选唐诗只选三百首,据说是受了《诗经》别称《诗三百》,以及民间流行的谚语"熟读唐诗三百首,不会吟诗也会吟"的启示。

《唐诗三百首》之后,模仿的诗词选本很多,如朱孝臧的《宋词三百首》、任二北的《元曲三百首》、钱仲联的《宋诗三百首》《清诗三百首》《近代诗三百首》《清词三百首》等,可见这个选本的影响之大。更有马茂元、赵昌平的《唐诗三百首新编》,以及类似的新选唐诗三百首选本,但都无法取代孙洙的选本。

9.《古文观止》

普及性的古文选本,清吴楚材、吴调侯编选。"观止"一词出自《左传·襄公二十九年》,吴公子季札在鲁国欣赏韶乐时赞叹道:"虽甚盛德,其蔑以加于此矣。观止矣!"意谓韶乐已尽善尽美,观赏到此为止。二吴借"观止"为书名,意在表示所选文章都是尽善尽美的,古文精华都在这个选本里了。

《古文观止》的编选原是为科举考试服务的,目的是帮助应试者在阅读古人名文中揣摩八股文的写作方法,因此每一篇文章都有评点。这些评点大多按八股文起承转合的套路来分析,虽不免老生常谈,但也时有精彩的评点予人以启发。

《古文观止》选文二百二十二篇,上起《左传》,下讫明代,所选文章多为千古传诵的名文,篇幅大多不长,便于阅读记诵,而且骈散兼收,经史杂陈,使读者能大致窥见古代各种文体的概貌,加上二百多篇文章的分量适中,所以出版后风行一时,长期深受欢迎,至今依然是最有影响最流行的古文选本。

10.《古文辞类纂》

中型的古文选本,清姚鼐编选。姚鼐是清桐城派散文之集大成者,因而这个选本被视为桐城派古文的权威选本。此书兼收古文和辞赋,因称"古文辞",又因编排按文体分类而称"类纂",凡十三类:

论辩、序跋、奏议、书说、赠序、诏令、传状、碑志、杂记、箴铭、颂赞、辞赋、哀祭。

所选文章上起战国,下讫清初方苞、刘大櫆,凡七百七十四篇。

姚鼐编选此书旨在宣扬桐城派的文学主张。他严格按此主张选文,这部《古文辞类纂》就是完全体现桐城派文学主张的古文范本,这也是该选本的一个鲜明特色。因为桐城派在清代散文中占有重要地位,此书也因此为许多散文家所推崇。但在姚鼐生前此书并未刊行,是姚鼐死后其弟子竞相传抄才在社会上广泛流行开来的。

《古文辞类纂》所选录的文章,一般都经过比较仔细的考校,择善而从;各类文体都有小序说明其区别与源流演变,有助于读者了解各类文体的特点;每一篇文章也都有评点,有助于读者阅读理解。近代许多名家都熟读此书,也都有精彩的评点。民国年间上海刊行的《评点笺注古文辞类纂》,曾广泛收集了这些评点。

第四章　集部概说

四、诗文评

诗文评就是评论诗文的文字。我国传统的正统文学是诗与文,关于诗与文的写作,历来有不少评说,有单篇的文评,有成组的诗评,还有专著。这是我国丰富的文学理论遗产。以下择要简说。

1.《典论·论文》

单篇文评。我国文学批评史上比较早的一篇专论,具有划时代的奠基作用。魏文帝曹丕(187—226)著。

曹丕有《典论》五卷,然原书已佚,今只有辑本。《论文》是其中的一篇,赖《文选》收录而得以保全。

曹丕的《典论·论文》,从评论自古而然的"文人相轻"陋习着笔,提出了一些对后代文学批评有深刻影响的观点。

他认为文学作品的不同体裁各有特点,"奏议宜雅,书论宜理,铭诔尚

《历代帝王图》之魏文帝曹丕像

实,诗赋欲丽"。一个作家一般只擅长一种或几种文体,"鲜能备善"。他以当时著名的孔融、陈琳、王粲等七个文人为例,指出他们各有所长,也各有所短。这和作家的不同风格,即各人不同的气质("文以气为主",而"气之清浊有体")与文体的不同要求有关。如果"各以所长,相轻所短",就难以产生正确的文学批评。因此,

"文人相轻"的风气是有害的。

他强调文章是"经国之大业,不朽之盛事"。本着文以致用的精神,他把文学提到与事功并立的地位,充分肯定了文学的社会政治作用;他还阐述了文学的不朽价值,认为文学可以传之久远,鼓励作家努力从事文学创作活动。

2.《文赋》

单篇文评。我国文学史上第一篇完整而系统的文学理论作品。西晋陆机(261—303)著。

这是一篇赋体文评,比较细致地分析了文学创作的过程,广泛地论述了文学理论方面的许多重要问题。

陆机认为,进行文学创作必须有三个方面的准备:观察万物、钻研古籍、怀抱高洁之心。观察万物可以丰富知识,增强对生活的感受,是创作的前提;钻研古籍是吸取前人的间接经验,可以提高自己的写作技巧;高洁之心就是文中所说的"怀霜""临云"的心志,只有心志像云一样高,像霜一样洁,文品才会高。

文以情生,情因物感,这是文学创作的起点。陆机认为,创作的过程就是作者由感物生情到穷情写物的过程。整个过程自始至终都是在具体的形象而不是在抽象的概念中进行的。因此,艺术创作的过程从实质上说就是形象思维的过程。这在艺术创作中是带有普遍规律性的重要问题。

对于艺术构思,陆机认为要有独创精神,即要有创造性,有暗合别人陈言的要尽量改变。在意与辞的关系之间,应以意为主,要做到修辞立其诚。这在艺术构思中是最基本的。行文的乐趣就在

第四章　集部概说

于使意和辞得到充分的展现,而行文最难的恰恰就是"恒患意不称物,文不逮意"(经常担心所构思的意思不能正确反映事物,而写出来的文字又和所构思的意思有距离)。这与各人的学识密切相关。如果没有丰富的学识,心中所酝酿的"意"就很难充分地展现出来。

《文赋》所说的主要是创作过程中的构思问题,这些都是作者自己创作经验的甘苦之谈。此外,陆机还对诗、赋、碑、诔、铭、箴、颂、论、奏、说等文体的特点和要求,以及文章写作的弊病等作了说明,都是很有见地的。

《文赋》启发了后来的《文心雕龙》,对我国文学理论的发展有很大贡献。上海古籍出版社 1984 年出版的今人张少康《文赋集释》,所收古今各家注与各家的"本段总论"以及书后所附总评都非常丰富,对阅读或研究大有助益。

3.《文心雕龙》

《文心雕龙》书影

我国第一部系统阐述文学理论的专著。南朝梁刘勰(约 465—约 532)著。全书五十篇,分上下两编,各二十五篇,每篇篇末都有赞语。

上编二十五篇可分为两个部分。从《原道》到《辨骚》的前五篇为全书的总论,论述文学的基本原则,作者称之为"文之枢纽",其中《宗经》一篇更是理解全书的核心。后二十篇是作者的文体论,其中从《明诗》到

《谐讔》十篇为有韵之文,从《史传》到《书记》十篇是无韵之笔,这二十篇概括评述了各种文体的渊源和流变,以及各自不同的特征等。

下编二十五篇也分为两个部分。从《神思》到《程器》的前二十四篇是关于文学创作论的,探讨了文学创作的有关问题,如艺术的想象问题、创作与批评的原则和方法问题、文学和时代的关系问题等,进一步发展了陆机《文赋》有关创作论的思想,初步建立了我国文学批评的方法论。这二十四篇应是全书的精华所在。最后一篇《序志》是全书的总序。这是古人著书的惯例,把总序放在全书最后。

《文心雕龙》是一部体例周详、议论精深的文学批评理论著作,较全面地总结了前代的文学现象,是魏晋南北朝时期集文学理论大成的代表作。今人范文澜有《文心雕龙注》(人民文学出版社1958年版),此书除详为注释外,还附录不少相关资料,是一部研究《文心雕龙》的很好的参考书。

4.《诗品》

评论五言诗的文学批评专著。南朝梁钟嵘(约468—518)著。

《诗品》为我国第一部诗话作品,清人何文焕辑编的《历代诗话》将其列为首篇。全书为上中下三卷,品评了自汉至梁共一百二十二位诗人的五言诗。按其等第,分上中下三品。所谓品,就是确定品第。《诗品》原名《诗评》,评就是评定优劣。后来《诗品》成为定名,《诗评》之名遂废。

钟嵘分诗人为上中下三品后,每品中的人物,不再按其等第优劣排列,大致以时代先后为序,评论他们作品的优劣,以及与前代作家和后代作家之间的继承关系。

列入上品的诗人十一个,有曹植、王粲、阮籍、陆机、谢灵运等;中品三十九人,有魏文帝曹丕、嵇康、陶潜、鲍照、谢朓、沈约等;下品七十二人,有班固、魏武帝曹操、杜预、孔稚珪、王融、范缜等。

《诗品》原有序三篇,分列上中下三品之前,《历代诗话》合三篇为一篇,成了全书的《诗品序》。

《诗品序》对南朝的诗风有所批评,主要表现为两点:一是反对一味追求声律,主张音律的自然和谐;二是反对用典。"吟咏情性,亦何贵于用事?"(抒发情感和性情,为什么要把用典看得那么重?)同时也提出了一些新的理论观点,主要也是两点。一是诗的创作动机说。钟嵘认为诗是受客观外界的感召和刺激而产生的,其中"怨"的感召作用最突出,是文学作品产生的土壤。二是诗的滋味说。钟嵘认为好的诗必须是有滋味的,是耐人寻味、有强烈感染力的,能使"味之者无极,闻之者动心"。

《诗品》之后,诗话类著作就成了我国古代文学批评的一种重要形式,数量有几百种之多。今人陈延杰有《诗品注》(人民文学出版社 1961 年版)可资参考。

5.《二十四诗品》

诗论著作,晚唐司空图(837—908)著。

《二十四诗品》原名《诗品》,为与钟嵘《诗品》相区别而称《二十四诗品》。司空图非常细致地品评了诗的各种风格意境,把诗的风格概括为二十四种:

雄浑、冲淡、纤秾、沉着、高古、典雅、洗练、劲健、绮丽、自然、含蓄、豪放、精神、缜密、疏野、清奇、委曲、实境、悲慨、形容、超诣、飘逸、旷达、流动。

　　每一种风格,司空图都用一首十二句的四言诗来比拟烘托,很能得其神貌,使人有所领悟。如论"雄浑"的"超以象外,得其环中",论"纤秾"的"采采流水,蓬蓬远春",论"典雅"的"落花无言,人淡如菊",论"含蓄"的"不著一字,尽得风流",论"清奇"的"如月之曙,如气之秋"等。这在诗歌理论中是非常特殊的一种体裁,虽没有构成一种严整的理论体系,但这二十四类却是前人审美经验和作者自己细致品味鉴别的结果,有助于诗歌艺术美研究的深入。

　　《四库全书总目提要》说《二十四诗品》"所列诸体皆备,不主一格"。司空图论诗不主一格,所以他把二十四品平列,但贯穿在二十四种风格中的却是一个基本思想:诗必须有"韵味",要有"韵外之致""味外之旨"。从审美的要求说,诗必须让人有想象的余地。

　　《二十四诗品》在我国文学批评史上产生过很大的影响。袁枚有《续诗品》,论作诗用功之法,阐说写诗的苦心,分为

《二十四诗品》书影

三十二品。另有一些后继之作涉及其他文学样式,有用以品文、品赋、品词的,还有用来品画、品书法的,但这已与文学无关了。

清人孙联奎有《诗品臆说》,杨廷芝有《二十四诗品浅解》,山东人民出版社 1962 年合为《司空图〈诗品〉解说二种》出版;今人郭绍虞有《诗品集解》和《续诗品注》,人民文学出版社 1963 年出版。皆可资参考。

6.《沧浪诗话》

诗论著作,一部以禅喻诗,着重于谈诗的形式和艺术性的著作。宋人严羽(生卒年不详)著。

《沧浪诗话》分为诗辨、诗体、诗法、诗评和考证五个部分。

严羽在"诗辨"中提出了别材别趣说,以为诗人只有学识而没有先天的写诗别材是写不出好诗的,而诗歌如果没有别趣的美感形象也难以引起人们的审美兴趣。在"诗体"中,他讲了诗歌的发展形式与时代、作家的风格与流派问题。在"诗法"中,他讲了诗歌的创作法则和诗的艺术特征。在"诗评"中,他对宋以前尤其是唐代诗人的作品进行了评议。在"考证"中,他对前代作品的真伪等提出自己的不同看法。

《沧浪诗话》强调学诗要以盛唐为法,认为好的诗能入神,"惟在兴趣",所谓"羚羊挂角,无迹可求",所谓"言有尽而意无穷"。

今人郭绍虞有《沧浪诗话校释》(人民文学出版社 1961 年出版)可资参考。

7.《戏为六绝句》

最早的论诗绝句,开创了以绝句论诗的先河。唐代诗人杜甫(712—770)作。

　　诗题标以"戏"字，仇兆鳌《杜诗详注》说："此为后生讥诮前贤而作，语多跌宕讽刺，故云'戏'也。"杜甫是针对当时有人随意贬损前代作家"轻薄为文"现象而予以批评讽刺的。之所以用"戏"字，一是指诗人用"以诗论文"的形式来批评，一是指诗人采用了调侃的语言来讽刺随意贬损者的无知。杜甫写这一组诗时住在成都草堂，年近五十，正是艺术上的成熟时期。

　　这六首诗的前三首论作家，后三首论诗艺，揭示论诗的宗旨。杜甫认为对六朝以来的作家应作具体分析，兼取众长，而不能一概排斥。他以庾信为例，说明论文应全面，不能只嗤笑指点庾信的一些"流传赋"，而忽视他"健笔凌云"、意境开阔的长处；又以"初唐四杰"为例，说明评价作家不能脱离作家所处的历史条件。在此基础上，他提出了自己的艺术追求和艺术理想：广泛吸取前人的创作经验，学习"清词丽句"的写作技巧，努力创造"鲸鱼碧海"的雄伟意境，"别裁伪体""转益多师"，镕今铸古，以完美的艺术形式表现充实的思想内容，从而接近或达到《诗经》时代反映现实的风雅传统。

　　杜甫的这六首绝句，见解卓越，富有文采和气势，其中的一些句子已成为千古传诵的名句，如"尔曹身与名俱灭，不废江河万古流""不薄今人爱古人""转益多师是汝师"等。这些名句已经远远超出了文学批评和文学的范畴，在治学乃至处世立身方面，都能给人以有益的启示。

　　今人郭绍虞有《杜甫戏为六绝句集解》可资参考。

第四章　集部概说

8.《人间词话》

词学论著。王国维(1877—1927)著。

《人间词话》是王国维三十多岁时的作品,共二卷,最初发表在光绪三十四年(1908)的《国粹学报》上,在"五四"之前的文学论坛上就颇有影响了。1926年始出单行本。王国维自沉后,编刊者补入原删存未发表的稿子,这就是我们现在所看到的通行本。

《人间词话》篇幅不多,却代表了王氏主要的艺术观点,可以说这是一部以我国传统的古典文论融汇了西洋哲学和美学理论的王氏艺术论,是王氏独家的艺术论。王氏在评价历代重要词人和作品时,接触到很多方面,有不少精辟的论点,其中最主要的就是他所倡导的境界说。

王氏论词首标境界,他说:

> 境非独谓景物也。喜怒哀乐,亦人心中之一境界。故能写真景物、真感情者,谓之有境界,否则谓之无境界。

"写真景物、真感情"就是王氏所说的境界。这种境界应该是"其言情也必沁人心脾,其写景也必豁人耳目"。也就是说,要情景交融,要鲜明生动,要有强烈的感染力。只有这样才能做到"不隔",否则就是"隔"。王氏认为文学作品是可以虚构的,但"虚构之境,其材料必求之于自然,而其构造亦必从自然之法则"。也就是说,虚构也必须合乎自然。

此外他还论述了有我之境与无我之境、景语与情语、写境与造境等问题,还接触到了文学批评中主观与客观、心与物,以及形象

国学概说

分析等问题。王氏这些观点在文学界发生过较大的影响。

今人徐调孚、王幼安有《人间词话》校注本,人民文学出版社1960年出版(与况周颐的《蕙风词话》合为一册)。注文把《人间词话》所引诗句的原作全篇录出,并在附录中辑入王国维其他有关的词论词评资料,是一部比较全面的注本,可资参考。

五、词曲

1.《花间集》

最早的一部文人词集,也是晚唐五代词选集。多为艳词,所收词人多为蜀人,带有较强的地方色彩。编者为后蜀孟昶(chǎng)时的宰相赵崇祚,后随孟昶一起降宋,为宋翰林学士,生卒年不详。书前序言为后蜀欧阳炯所作。全书凡十卷,收录温庭筠、皇甫松、韦庄等十八家共五百首词。

《花间集》所显示的是我国九世纪中期到十世纪前期士大夫的文学风尚。这种文学风尚并不很健康,大多刻意雕琢,以艳辞写奢华的生活,词风浮靡,似乎是有意在回避当时历史现实的一些矛盾和斗争,但在词的发展史上有着相当的地位和影响。

人民文学出版社1958年出版了李一氓的新校本《花间集校》。新校本在校后记中对《花间集》的版本源流与诸刻之得失均有详述,可资读者和研究者参考。

2.《绝妙好词》

南宋词选本,南宋末年周密(1232—1298)编选,共七卷。周密是南宋雅词派的代表词家,他所编选的这部《绝妙好词》就是一部专收雅词的专集。集中选收南宋初期张孝祥至宋末元初仇远共一百三十二家三百八十五首词。

周密的选词标准比较严,偏重于词的格律形式,且只收清丽的婉约词,不收愤激的豪放词,所以辛弃疾词只选了三首,而姜夔词却多至十三首。集中所见多为抒写男女的闲适之情,或咏物写景、唱和酬赠之作。清焦循在《雕菰楼词话》中说:

> 周密《绝妙好词》所选皆同于己者,一味轻柔圆腻而已。

这是公允的评说。周密所选的词作都是合乎自己口味的。这也反映了宋末雅词派注重音律形式的艺术特点。

3.《词综》

唐五代宋金元词选本,清朱彝尊(1629—1709)选辑,汪森(1653—1726)增补。

这是一部内容丰富的词选,凡三十六卷(二十六卷为朱彝尊编选,十卷为汪森增补),收词二千二百五十三首(实为二千二百五十二首,一首重见),词作者六百五十九家(无名氏除外),上至帝王,下至歌伎,大致以时代先后为序。其中收唐词二十家六十八首、五代十国词二十四家一百四十八首、宋词三百七十六家一千三百九十五首、金词二十七家六十二首、元词八十四家二百一十七首。明代以前的词家和词作名篇基本搜罗殆尽。编者对每一家词人都有生平籍贯的简要介绍,有的还有重要著作或前人评述的简介等。此书问世后即被视为词作的权威选本。

朱彝尊对词最推崇南宋格律派,奉姜夔为词家正宗。他在《词综发凡》中说:

> 世人言词,必称北宋。然词至南宋,始极其工,至宋季而始极其变,姜尧章(夔)氏最为杰出,惜乎《白石乐府》五卷,今仅存二十余阕也。

他全数收入了姜夔仅存的二十余首词,而对苏轼与辛弃疾词作选录的篇目偏少。他的选词标准是"句琢字练,归于醇雅",因而相对忽视了豪放派的词作。朱彝尊是当时浙西词派的创始人,他和汪森编选《词综》就是为了推衍浙西词派的创作主张,由汪森撰写的《词综序》也因此成了浙西词派的理论根据。

清乾隆年间,王昶又续辑编成《明词综》和《国朝词综》。至此,有唐至清代的词作名篇大致收全了。1978 年上海古籍出版社出版了李庆甲校点整理的《词综》。

4.《宋词三百首》

小型宋词选本,清人朱孝臧(1857—1931)选辑。朱孝臧一名祖谋,号彊村。《宋词三百首》原署上彊村民编,唐圭璋为之笺释。

朱氏之前,张惠言有《词选》,但收词偏少。唐圭璋笺注本《自序》说:

> 清嘉庆间,张惠言校录《词选》,所选宋词只六十八首,且

第四章 集部概说

不录柳永及吴文英两家。是其所选,诚不免既狭且偏。彊村先生兹选,量既较多,而内容主旨以浑成为归,亦较精辟。大抵宋词专家及其代表作品俱已入录,即次要作家如时彦、周紫芝、韩元吉、袁去华、黄孝迈等所制浑成之作,亦广泛采集,不弃遗珠。

朱氏《宋词三百首》选录两宋词人七十九家,词二百八十三首,为《词选》的四倍有余,是一本比较适宜阅读的小型宋词选本。但由于朱氏以追求浑成典雅为编选宗旨,比较投合文人学者的口味,难以得到普通读者的青睐与欢迎,因而同样是三百首,《宋词三百首》犹如"阳春白雪",其影响就远逊于《唐诗三百首》,流传不广。1962年中华书局上海编辑所出版了唐圭璋笺注的《宋词三百首》。

5.《全宋词》

大型宋词总集,今人唐圭璋编。唐氏于二十世纪三十年代即已着手编纂《全宋词》,以七年工夫完成,于四十年代出版问世。初版收词人一千一百余,词作一万八千余,分三百卷。有商务印书馆本。

六十年代时,唐氏对这部总集做了一次全面仔细的校对、调整和补订工作,改变了原先按帝王、宗室、诸家、僧道和女流的分类编排顺序,而以生卒年和登第之先后为序,另外还补入词人二百余家,增收词一千六百余首。至此,《全宋词》共收有词人一千三百余家,词作近二万首。1965年中华书局重印出版。

　　唐圭璋另外还编纂有《全金元词》和《词话丛编》,都是研究词学的必备工具书。

6.《全元散曲》

　　元代散曲总集,今人隋树森编。收散曲作家二百一十三家,小令三千八百五十余首,套数四百五十余套。散曲就是歌曲,是元代新兴的一种歌曲,有小令和套数之分。套数是组曲,小令是单曲。

　　散曲在元代取代了宋词的地位,成为当时最活跃的民间诗歌。与词相比,散曲比较通俗,因为它吸收了许多民间的口语入曲,加以曲中还有衬词,所以比较活泼。元散曲在当时是文人学士和广大民众雅俗共赏的一种通俗文学,在文学史上更是与唐诗宋词并列而又别具情趣的一种文学样式。

　　散曲到明清之后逐渐进入上流社会,一些贵族文人也常常浅斟低唱,留下许多佳作。今人谢伯阳编有《全明散曲》和《全清散曲》,可资浏览品读。

7.《元曲选》

　　元人杂剧选集,明人臧懋循(1550—1620)编选。全书凡十集,每集十卷,每卷一部杂剧,共选元杂剧一百种,所以也叫《元人百种曲》。

　　杂剧在元代非常兴盛,如今文学史都把它作为元代最有特色的文学样式作专题介绍。但在当时,杂剧却是下里巴人的俗文学,并不受重视,任其自生自灭,因而流传至今的元杂剧只有一百六十余种,其中有一些还不是全本,只有曲文。

第四章　集部概说

　　《元曲选》是现存流传最广的一部元人杂剧选集,所选一百部杂剧已占了现存一百六十多部杂剧的五分之三强。今人隋树森所编《元曲选外编》,又汇编了近几十年陆续发现的元杂剧六十二种。两书所收的元杂剧,差不多就是我们现在所能看到的元杂剧的全部了。

8.《六十种曲》

　　元明传奇选集,明人毛晋(1599—1659)编刻。

　　传奇习惯上又称"南曲"或"南戏",因为它所采用的是南方的音乐系统。元时传奇的影响还比较小,元末明初才逐渐占领了舞台,至明中期始独领风骚,成为明朝最具标志性的文学样式之一。有学者认为传奇与八股文为明代特有的两种文学体制,为前代所无。

　　《六十种曲》原是一部丛书,分为六套,每套十种。丛书原无总名,只是在每一套第一种的扉页上题有"绣刻演剧十本"字样,三年内始陆续出齐,清康熙年间重印时以六套同时推出,这才取名《六十种曲》。

　　《六十种曲》所收都是南曲,即"南腔"的传奇,但其中却有一部"北调"的杂剧,这就是非常著名的元人王实甫《西厢记》。或许是因为《西厢记》五本二十折的体制不合北曲杂剧一本四折的惯例,而与南曲传奇相近的缘故,所以《元曲选》未收而为《六十种曲》所收。

附录一：常见国学名词简释

【社稷】

　　社是土地神，稷原是周始祖后稷，因教民稼穑而被尊为五谷神。土地和五谷是农业国的根基，用以象征国家。据《周礼·考工记》记载，王宫左右分别设有宗庙和社稷坛，宗庙代表血缘，社稷坛代表土地，两者同为国家的象征。《礼记·曲礼下》有"国君死社稷"一语，意谓国君是与国家共存亡的，危急时当为社稷而死。

【宗庙】

　　祭祀祖宗的处所，即祖庙。《礼记·祭法》郑玄注："宗庙者，先祖之尊貌也。"意指庙内设有先祖牌位或遗像，以供祭拜。《礼记·王制》规定："天子七庙：三昭三穆，与太祖之庙而七。诸侯五庙：二昭二穆，与太祖之庙而五。大夫三庙：一昭一穆，与太祖之庙而三。士一庙。庶人祭于寝。"天子有六亲庙，比诸侯多二亲，即在祢（亡父）、祖、曾祖、高祖庙之上，又多二祖庙。如有新死者祔庙，即按与在位天子或诸侯血统之远近关系，依次迁去原亲庙中的世祖神位，以下诸祖递迁，如此则始终保持六亲庙或四亲庙，加太祖之庙为七庙或五庙。以周天子为例，周的太祖之庙就是后稷庙，与文王、武王庙合称三庙。这三庙就是始祖庙，庙里的祖宗神位是永远不迁的，称百世不祧（tiāo）之祖；此外便是在位天子的高祖、曾祖、祖、祢四庙，合称四亲庙。一旦在位天子大行，四亲庙里的祖先神位将被依次迁去,藏于祧庙。天子和诸侯的宗庙是国家的象征。据《周礼》"左庙右寝"的规定,宗庙都是设在宫室之东的。

【太庙】

天子的太祖之庙,也指诸侯的始祖庙。春秋时,周公庙在鲁国也称太庙,因为周公是鲁国的始封之君。《论语·八佾》:"子入太庙,每事问。"这里的太庙指的就是周公庙。公卿大臣的祖庙称家庙;民间则称祠堂,多以宗族为单位。

【祧庙】

远祖庙。《礼记·祭法》:"远庙为祧。"孙希旦《集解》:"盖谓高祖之父、高祖之祖之庙也。谓之远庙者,言其数远而将迁也。"祧的意思就是把祖先的神主从亲庙中迁出。韩愈《禘祫议》:"其毁庙之主,皆藏于祧庙。"

【昭穆】

古代的庙次与墓次。《礼记·祭统》:"昭穆者,所以别父子、远近、长幼、亲疏之序而无乱也。"按周制,始祖居中,昭左穆右。周之始祖是后稷,后稷的儿子不窋(zhú)为第一代,称昭;后稷的孙子鞠为第二代,称穆。以下类推,奇数代皆为昭,偶数代皆为穆。《左传·僖公五年》:"大伯虞仲,大王之昭也,⋯⋯虢仲虢叔,王季之穆也。"大伯和虞仲是大王(古公亶父)的儿子,属昭辈;王季也是大王的儿子,王季的儿子虢仲和虢叔就是穆辈了。昭穆的区分在当时是很重要的事情,周代还设有专职官员如小宗伯和小史等负责此事。

附:周王室昭穆世系表

始祖(后稷弃)

右穆	**左昭**
2 鞠	1 不窋
4 庆节	3 公刘
6 差弗	5 皇仆
8 公非	7 毁隃
10 亚圉	9 高圉
12 古公亶父(大王)	11 公叔祖类
14 昌(周文王)	13 季历(王季)
弟:虢仲(东虢始祖)	兄:太伯(吴始祖)
虢叔(西虢始祖)	虞仲
16 诵(周成王)	15 发(周武王)
弟:唐叔虞(晋始祖)	弟:管叔鲜
	周叔旦(周公,鲁始祖)
	蔡叔度
18 瑕(周昭王)	17 钊(周康王)

【封禅】

　　帝王祭祀天地的最隆重的仪式。封是祭天,指在泰山上筑坛祭天;禅(shàn)是祭地,指在泰山旁的梁父山筑坛祭地。古人以为泰山位居中国之中,为众神所居,是通天的,因而要在泰山上筑坛祭天。祭天虽是帝王的特权,但并非每个帝王都有资格祭天,只有受命而王天下的帝王或盖世英主才有资格行此大典。从史书记载看,登上泰山祭天的帝王并不多,除秦始皇外,只有汉武帝、光武帝、唐高宗、唐玄宗、宋真宗等为数不多的几个帝王。所以一旦有帝王登泰山祭天,常被看作旷古盛事。司马迁之父司马谈以未能随武帝泰山封禅而抱憾终生,以至临死还一再感叹"这是命"。

【明堂】

古代帝王宣明政教的地方。郑玄注《周礼·考工记》:"明堂者,明政教之堂。"《孟子·梁惠王下》说"夫明堂者,王者之堂也",《木兰诗》又有"归来见天子,天子坐明堂"的句子,这说明"明堂"是属于天子和王的。据文献记载,明堂创始于黄帝,夏时称"世室",殷商称"重屋",周代始称"明堂"。凡帝王的朝会燕飨、祭祀庆赏、养老尊贤、颁布教化政令乃至教学等大典都在这里举行。明堂的建筑为上圆下方(所谓天圆地方,上圆法天,下方法地)的宫殿,四周环水。这在古代有着神秘的象征意义。

【至圣先师】

孔子的尊称。"至圣"之称始于西汉司马迁《史记·孔子世家》:"自天子王侯,中国言六艺者折中于夫子,可谓至圣矣。"东汉明帝时又以孔子为"先师"。至明代遂合称"至圣先师"。

【文庙】

孔庙。唐高祖武德二年(619),除曲阜孔庙外,另于长安国子监建造孔庙,以方便学子向孔子致祭,之后各地方学校也都建立了孔庙。唐玄宗时,孔子被追谥为文宣王,孔庙遂改称文宣王庙,简称文庙。文庙中除孔子的神位外,从祀者还有历代的圣贤大儒,如颜渊、孟子、董仲舒和朱熹等。

【亚圣】

孟子的尊称。亚圣之称始于东汉赵岐《孟子章句》对孟子的赞语"命世亚圣之大才"。但这是赵岐个人对孟子的赞语。唐玄宗时曾封颜渊为"亚圣",孟子其时尚未受重视,直至中唐韩愈始列孟子于孔子之后。北宋时随着《孟子》升格为经,孟子也受到推尊。南宋朱熹《四书章句集注》更确立了孟子在儒家道统中的地位。元时科举考试以四书为必读书,孟子也被封为"邹国亚圣公",取得仅次于孔子的地位。明嘉靖时遂径称"亚圣"。

【复圣】

颜渊的尊称。颜渊原称"亚圣",为唐玄宗时所封。元时孟子被封为"邹国亚圣公"后,颜渊被改封为"兖国复圣公"。明嘉靖时随着孟子径称"亚圣",颜渊也被径称为"复圣"。

【三纲】

我国封建社会的道德规范。汉班固《白虎通·三纲六纪》:"三纲者,何谓也?君臣、父子、夫妇也。""三纲"是所谓的君为臣纲,父为子纲,夫为妇纲。"纲"原为网上的总绳,比喻君对臣、父对子、夫对妇具有绝对的支配权,而臣对君、子对父、妇对夫则只能绝对服从。这是封建社会体现男性绝对权力的纲纪。

三纲说始创于战国时的韩非。《韩非子·忠孝》："臣事君,子事父,妻事夫,三者顺则天下治,三者逆则天下乱,此天下之常道也。"其实,君臣的权利与义务关系是相对的,孟子有一段经典的话说:"君之视臣如手足,则臣视君如腹心;君之视臣如犬马,则臣视君如国人;君之视臣如土芥,则臣视君如寇仇。"然而在帝制时代,孟子这些说法并未能占据主导地位,帝王永远是对的,所谓"臣罪当诛兮,天王圣明"。臣子绝对没有说君王不是的道理,君王是主宰一切的,"君要臣死,臣不得不死;父要子亡,子不得不亡"。三纲所维护的君权、父权和夫权贯穿着整个帝制社会的始终。

【五常】

我国传统社会普遍认同的五种伦理和价值观念,即仁、义、礼、智、信。按孟子的说法,仁指恻隐之心,义指羞恶之心,礼指恭敬之心,智指是非之心,信指诚信之心。班固《白虎通·性情》说:"仁者,不忍也,施生爱人也;义者,宜也,决断得中也;礼者,履也,履道成文也;智者,知也,独见前闻,不惑于事,见微者也;信者,诚也,专一不移也。"

"五常"和"三纲"合称"三纲五常",简称"纲常",为儒家伦理的核心所在。旧时"五常"也指"五伦"。

【五伦】

旧时所谓的君臣、父子、兄弟、夫妇和朋友这五种人与人之间基本的伦理关系。旧时也称"五常",意谓五种伦常道德。孔颖达疏《尚书·泰誓下》"狎侮五常"曰:"五常即五典,谓父义、母慈、兄友、弟恭、子孝，五者人之常行。"这是先秦儒家倡导的一种理想的道德境界。

他们认为，一个国家的管理应该建立在良好的人伦关系上。世上的人伦关系，归纳起来有五种：君臣、父子、夫妇、兄弟、朋友。这五种人伦关系必须有相应的道德加以规范，要求做到"君臣有义，父子有亲，夫妇有别，长幼有序，朋友有信"。"五伦"是伦理学范畴的东西，也是一个道德问题，是先秦儒家十分向往的一种理想境界。

在先秦儒家看来，五伦关系是相对的。"君臣有义"的"义"是对君臣双方的要求，双方都必须遵守这个"义"，而且君之"义"还是第一位的："君仁，莫不仁；君义，莫不义。"（《孟子·离娄下》）所以，君若不义，臣也可以不义。因此杀桀、纣这样不义的暴君，就不是弑君，而是理所当然的正义行动。

先秦儒家的五伦观念中，蕴含着一种相对平等的思想。

【礼义廉耻】

我国传统的道德准则，也是治国的纲纪。旧时合称"四维"，语出《管子·牧民》："国有四维，一维绝则倾，二维绝则危，三维绝则覆，四维绝则灭。……何谓四维？一曰礼，二曰义，三曰廉，四曰耻。礼不逾节，义不自进，廉不蔽恶，耻不从枉。"管子认为：礼的要求是行为不超越界限，遵守法度；义的要求是进取要遵循规范，不钻营；廉的要求是有错不隐瞒，不掩饰；耻的要求是不趋从邪恶势力，不与之同流合污。管子还说："四维张则君令行。……四维不张，国乃灭亡。"宋欧阳修在《新五代史·杂传第四十二》的序言中进一步阐述了管子的思想:"善乎,管生之能言也!礼义,治人之大法;廉耻,立人之大节。盖不廉,则无所不取;不耻,则无所不为。人而如此,则祸乱败亡,亦无所不至。"

国学概说

【三从四德】

男权社会专门为女子制定的道德原则和行为规范,即所谓的妇道。目的是从道德和礼仪的高度来控制和束缚女子的言行,使她们能自觉地恪守妇道。

"三从"出自《仪礼·丧服》:"妇人有三从之义,无专用之道,故未嫁从父,既嫁从夫,夫死从子。"一个女子在家里要做孝女,出嫁后除孝敬公婆外,还得夫唱妇随,做丈夫的附属品,不能自作主张。女子一辈子都要听从男子的,哪怕是对自己的儿子,也无半点自主权。这就是男权社会为女子制定的礼教。许慎释"妇"为"服也",也是表示服从和侍奉丈夫的意思。

"四德"出自《礼记·昏义》:"是以古者,妇人先嫁三月,……教以妇德、妇言、妇容、妇功,……所以成妇顺也。"班昭《女诫》解释四德说:"夫云妇德,不必才明绝异也;妇言,不必辩口利辞也;妇容,不必颜色美丽也;妇功,不必工巧过人也。清闲贞静,守节整齐,行己有耻,动静有法,是谓妇德;择辞而说,不道恶语,时然后言,不厌于人,是谓妇言;盥浣尘秽,服饰鲜洁,沐浴以时,身不垢辱,是谓妇容;专心纺绩,不好戏笑,洁齐酒食,以奉宾客,是谓妇功。此四者,女人之大德,而不可乏之者也。"(《后汉书·列女传·曹世叔妻》)四德之中,妇德最重要。妇女的"清闲贞静""行己有耻"历来最被看重。妻子若能知礼守节,就会温柔和顺地侍奉丈夫。有了这一条,其他就都容易做到了。

"四德"是为"三从"服务的。"三从"是"四德"之纲,"四德"是"三从"的具体实施。

【格物致知】

儒家的一种认识论的哲学命题,简称"格致"。意指穷究事物原理,从而获取知识。语出《礼记·大学》:"致知在格物。"

在儒家的命题中,"物"指的是人类社会的各种"事","格物"就是研究人类社会的各种事理;"知"指的也是社会科学方面的智慧,意谓提高对社会各种事理的认知能力。"格物致知"原是儒家用于修身的道德命题,所以《礼记·大学》说:"欲修其身者,先正其心;欲正其心者,先诚其意;欲诚其意者,先致其知。致知在格物。物格而后知至,知至而后意诚,意诚而后心正,心正而后身修,身修而后家齐,家齐而后国治,国治而后天下平。自天子以至于庶人,壹是皆以修身为本。"从天子到百姓,全都是以修身为做人的根本,"格物致知"就是修身的基础。现多用以转指自然科学的一种认识论。

【慎独】

儒家所倡导的一种修身养性的方法。语出《礼记·中庸》:"道也者,不可须臾离也,可离非道也。是故君子戒慎乎其所不睹,恐惧乎其所不闻。莫见乎隐,莫显乎微,故君子慎其独也。"意思是说,道这个东西是一刻都不能离开的,如果可以离开那就不是道了。所以君子即使在别人看不到也听不到的地方或时候,都要谨慎行事,不做不合道义的事情。因为没有比隐秘的事情更容易被发现的,没有比微小的事情更容易被显现的,所以君子独处的时候,一定要谨慎,不要悖离了道。《礼记·大学》也有类似说法,如"君子必慎其独也"。

"慎独"是一种自律自觉的行为,一种不自欺的崇高的人格境界。

【内省】

儒家所倡导的一种修身养性的方法,意为内心省察自己。

"内省"有多种含义。"内省不疚,夫何忧何惧?"此其一。意谓为人行事光明磊落,自问心中没有愧疚,因此什么都不必担忧和畏惧。"见贤思齐焉,见不贤而内自省也。"此其二。意谓见到不贤之人就要反省自己有没有和他一样的不良行为。"吾日三省吾身:为人谋而不忠乎?与朋友交而不信乎?传不习乎?"此其三。意指每天都要对自己的行为有所反省,这是内省的具体内容。

"内省"是一种追求个人道德完美的自律的精神活动,是一种"反求诸己"(《孟子·公孙丑上》)的自觉行为,现代学者称之为"内在超越"。

【养气】

儒家所倡导的一种修身养性的方法,意在培养一种内在的精神气质和境界。养气之说源自孟子的"我善养吾浩然之气"(《孟子·公孙丑上》)。据孟子的解释,这"浩然之气"至大至刚且直,是与道义相配合,由"义"的不断积聚而逐渐培养出来的。"养气"

是一个长期的行为,而一旦养成这种"浩然之气",就能成为"大丈夫",做到"富贵不能淫,贫贱不能移,威武不能屈",而这"浩然之气"就会充塞于天地之间,从而达到"天人合一"的境界。

【孔门三戒】

戒色,戒斗,戒贪。这是孔子所说的君子的修养要诀。语出《论语·季氏》:"君子有三戒:少之时,血气未定,戒之在色;及其壮也,血气方刚,戒之在斗;及其老也,血气既衰,戒之在得。"在人生的三个不同阶段,要特别注意与年龄相关的三种欲望:少时戒女色,壮年戒争斗,老了戒贪欲。朱熹对此在《集注》中引范氏之语说:"圣人同于人者血气也,异于人者志气也。血气有时而衰,志气则无时而衰也。少未定、壮而刚、老而衰者,血气也;戒于色、戒于斗、戒于得者,志气也。君子养其志气,故不为血气所动,是以年弥高而德弥劭也。"血气会衰,无论圣人凡人;志气则不然,圣人是年越高志气越壮德越茂。凡人当学君子养其志气,体会孔门三戒,使自己的道德随着年龄的增长而渐趋完美。

【忠恕】

儒家所倡导的为人处世之道。语出《论语·里仁》:"子曰:'参乎! 吾道一以贯之。'曾子曰:'唯!'子出,门人问曰:'何谓也?'曾子曰:'夫子之道,忠恕而已矣。'"在《卫灵公》中孔子解释"恕"的意思是:"己所不欲,勿施于人。"朱熹《集注》释"忠恕"为:"尽己之谓忠,推己之谓恕。"尽己之力以助人就是忠,忠是一种仁爱的精神;推己之心以及人就是恕,恕是一种宽容的精神。恕以待

附录一: 常见国学名词简释

人，忠以律己。人心大致是相同的，所以不要拿自己不喜欢的硬让别人去承当。

国学概说

【中庸】

儒家所倡导的为人处世之道。也叫"中道"或"中行"。所谓"中"，就是不偏不倚，恪守中道，无过不及；所谓"庸"，就是平常，就是人们日常所行的不可偏废的平常道理。综合起来，"中庸"就是不走极端，行为适度。《礼记·中庸》引孔子曰："君子中庸，小人反中庸。君子之中庸也，君子而时中。小人之（反）中庸也，小人而无忌惮也。"君子中庸的表现就是随时随地都恪守中道，小人反中庸的表现则是无时无刻都无所忌惮。孔子于是非常感叹地说："中庸之为德也，其至矣乎！民鲜久矣。"（《论语·雍也》）既赞美了中庸作为一种德行是最高的，又感叹民众已经很久没有这种美德。

中庸是孔子所赞美和倡导的一种处世态度，这种美好的处世态度我们一直非常缺乏。鲁迅先生早在一九三三年就撰文指出中国人"并不中庸"，并且在一九三五年一月十七日写给曹聚仁的信中说自己"亦非中庸者"（《鲁迅全集》第 13 卷）。

【三不朽】

儒家所推崇的人生的三种不朽事业。语出《左传·襄公二十四年》，鲁国穆叔（叔孙豹）到晋国去，晋国执政范宣子问他："古人有言曰'死且不朽'，何谓也？"穆叔回答说："豹闻之，'大（音义皆同"太"）上有立德，其次有立功，其次有立言'，虽久不废，此之谓不朽。"传统的说法,太上立德指上圣,如尧、舜、周公、孔子等;其次立功指次圣,如夏禹、后稷等;其次立言指大贤,如诸子百家,如屈原、司马迁等。"三不朽"所指原非常人,与普通百姓无关。但现在我们也可换一个角度去理解:人生的不朽事业不在财富,也不在世禄,而在立德、立功或立言,只有这三者才是经久不朽的。若能如此理解就和每个人都密切相关了。

【气节】

儒家所倡导的一种精神状态和道德操守。"气"指一种精神状态,即孟子所说的"浩然之气",是一种"富贵不能淫,贫贱不能移,威武不能屈"的志气。"节"是一种道德操守,即孔孟所谓的"杀身成仁"和"舍生取义",是一种为坚守道德和信仰而勇于牺牲的精神。所以"气节"就其实质而言,是一种独立的精神和人格。

【节烈】

旧时男性社会用以表彰的女德,即女性的贞德。"节"指守节。丈夫死了,妻子不改嫁,从一而终,保持贞操,简称就叫"节"。也有从一而终到丈夫死后竟自杀的,这就叫"殉节",简称"烈",意谓这是一种贞烈的行为。

对女性的"节烈"要求始于两宋,之前男性似乎并不很看重女性的贞节,女性因此多有再嫁者,如卓文君和蔡文姬。两宋之后竟然把女性贞节看得比生命还重,宁可饿死也不能失节,所谓"饿死事小,失节事大"。明清时更是把这种节烈看作妇女的最高美德而

附录一: 常见国学名词简释

加以倡导,甚至还立牌坊以示表彰。这种观念今天看来完全违反人性,是不近情理的。

国学概说

【孔颜气象】

以孔子及其学生颜回为代表的、以安贫乐道为主要内容的人生态度和精神境界。这种气象在《论语》中有许多表现。如与孔子有关的:"学而时习之,不亦说乎?"(《学而》),"朝闻道,夕死可矣"(《里仁》),"饭疏食,饮水,曲肱而枕之,乐亦在其中矣。不义而富且贵,于我如浮云"(《述而》),"其为人也,发愤忘食,乐以忘忧,不知老之将至云尔"(《述而》)。还有与颜回有关的:"有颜回者好学,不迁怒,不贰过"(《雍也》),"贤哉回也! 一箪食,一瓢饮,在陋巷,人不堪其忧,回也不改其乐"(《雍也》)。孔颜之气象实即孔颜之乐处,也就是在日常生活中安贫乐道的一种人格境界。

【杀身成仁】

儒家的殉道观念。语出《论语·卫灵公》:"志士仁人,无求生以害仁,有杀身以成仁。"仁是儒家最高的道德境界,涵盖了人类的一切美德,志士仁人不会苟且偷生来损害仁,只会牺牲自己来成全或成就仁。孔子所说的"仁"大致与如今所说的真理相仿,所以"当仁不让于师"(《卫灵公》),就是说,在真理面前即使面对老师也不必谦让。"杀身成仁"如今已成了成语,意思就是为真理或正义献身。

【舍生取义】

儒家的道德观念和价值取向。语出《孟子·告子上》:"生,亦我所欲也;义,亦我所欲也。二者不可得兼,舍生而取义者也。"在生命和道义不能同时得到的情况下取什么？取生命还是取道义？孟子的回答是舍生取义,舍弃生命,选择道义。他用了一个形象的比喻说："鱼,我所欲也;熊掌,亦我所欲也。二者不可得兼,舍鱼而取熊掌者也。"鱼就是生命,熊掌就是道义,熊掌远比鱼珍贵,因此道义也远高于生命。孟子认为在关键时刻舍弃生命而选择道义,是人类应有的价值取向。"舍生取义"现在已成了成语,泛指为正义而牺牲生命。

【独善兼济】

儒家的人生态度。原作"独善兼善"（后人改"兼善"为"兼济"）,语出《孟子·尽心上》："古之人,得志,泽加于民;不得志,修身见于世。穷则独善其身,达则兼善天下。""达"指政治上得志,在朝廷居于高位;"穷"指政治上不得志,没有做官。这两种不同的生活状态所体现的人生态度是不一样的。儒家的人生态度是入世的,入世的主要表现方式就是从政,所谓"治国平天下"。但能否从政不是自己能做主的,于是就有了进和退这两种不同的人生态度。表现形式虽有不同,内在思想却是一致的。退就是为了进,因而要修身,要独善其身,时刻为某一天能进而作准备。可见进（兼济）或退（独善）都是儒家积极的人生态度。

【阴阳】

阴阳是一对有关对立统一的哲学概念,在古代中国非常广泛地运用于社会、人生和自然的各个方面。阴阳从字面上说是暗和明的意思,所以日称太阳,月称太阴。向阳者明,引申为正面;背阳者暗,引申为背面。一般认为这对概念最早产生于对天象的观察,与太阳的光照有关,向阳为阳,背阳为阴。推衍到自然,则天为阳、地为阴,昼为阳、夜为阴;推衍到人类社会,则君为阳、臣为阴,男为阳、女为阴。在古代中国,可以说一切的知识文化都能归结在阴阳这两个范畴之中,诸如动静虚实、刚柔张弛、盛衰消息、高下进退,乃至王朝的更替、天体的运行和中医的理论等,都被认为是阴阳对立统一的不同体现,如老子所说"万物负阴而抱阳"(《道德经》第四十二章),世间万物都内含着阴阳这两种对立统一的因素。

阴阳这对概念集中体现了中国传统文化的精神:对立中有统一,对立和统一都不是机械的、静止的,而是运动的、变化的,两者互相依存又互相制约、互相消长,在一定条件下还能互相转化,如白昼与黑夜的更替,如一年四季的轮转。古人已经认识到阴阳的对立统一是一种动态的平衡,所谓"一阴一阳之谓道"(《周易·系辞上》)。

【五行】

五行是古人对客观世界多样性的一种概括,始见《尚书·洪范》:"五行:一曰水,二曰火,三曰木,四曰金,五曰土。"古人认为五行最初指五种基本的物质,宇宙万物就是由这五种基本物质构成的。但五行的"行"有运行之意,因此五行又不只是五种物质,还包含了一个非常重要的运转变化的意思,由此产生了五行相生相克的学说。五行相生为:木生火,火生土,土生金,金生水,水生木。五行相克为:木克土,土克水,水克火,火克金,金克木。

五行现在通行的排列顺序是:金、木、水、火、土。但以前还有多种排列顺序,有按古人所理解的自然界的生成次序排列的水、火、木、金、土,这就是《尚书》所列最早的一种顺序;也有按生化顺序排列的木、火、土、金、水;还有按后继元素胜克前一元素次序排列的木、金、火、水、土。

五行是古代中国人特有的思维模式,是中国传统文化中一个非常重要的概念。古代正史自《汉书》以后,志中多有五行志,用以阐释地震等灾异现象、日食等自然现象和政变等社会历史现象。

五行思想起源于古人对"五"数的崇拜。"天数五,地数五"(《周易·系辞下》),"五"在古人心目中似有一种神圣的色彩。既然自然界有这五种基本物质,那么其他自然现象和社会现象也应该可以分为五大类,也应该具有这五行的性质,所以古人就以五行来象征和代表自然与社会的一切。

附——五行的对应简表

五　行	木	火	土	金	水
方　位	东	南	中	西	北
季　节	春	夏	长夏	秋	冬
天　干	甲乙	丙丁	戊己	庚辛	壬癸
地　支	寅卯	巳午	辰戌丑未	申酉	子亥
八　卦	震巽	离	坤艮	兑乾	坎
五　岳	泰山	衡山	嵩山	华山	恒山
五　谷	麦	黍	稷	稻	菽
五　畜	鸡	羊	牛	马	猪
五　音	角	徵	宫	商	羽

附录一：常见国学名词简释

（续表）

五　行	木	火	土	金	水
五　色	青	赤	黄	白	黑
五　味	酸	苦	甘	辛	咸
五　官	目	舌	口	鼻	耳
五　脏	肝	心	脾	肺	肾
五　常	仁	礼	信	义	智
五　星	岁星	荧惑	镇星	太白	辰星
数　字	三、八	二、七	五、十	四、九	一、六

国学概说

【天人合一】

　　天人合一是中国传统文化中关于天人关系的一个经典命题。最初曾以天为有意志的神，能主宰人类的命运，称之为天帝或上帝。人类希望能与天沟通，于是就有了能沟通人与天的中介巫和巫术，所以天人合一最初的基本含义就是天与人的沟通。据说八卦的发明最初就是为了"通神明之德"。战国时，以天为神的看法有所淡化，天逐渐具有了自然的意义。

　　儒家认为，天和人是以德互相沟通契合的，天的德行就蕴含在人的心性之中，天道与人道在表现形式上虽各不相同，内在的精神实质却是一致的。天道化生万物，人能够与之相通，因为天之德就是人伦道德的根源，而人伦道德又是天道的体现。至西汉董仲舒糅合阴阳五行观念，系统论述了天与人的关系，提出天人同类的观点，认为"以类合之，天人一也"，明确表述了天人合一的命题。后来宋儒更从"道"的层面理解天人合一的理性精神，认为"道未始有天人之别，但在天则为天道，在地则为地道，在人则为人道"，一以贯之的就是那个"道"。

道家的庄子认为，天就是自然，人是自然的一部分，所以两者原来就是合一的，天和人的对立是人为造成的。他认为人类的文化其实是人类的异化，主张返璞归真，"绝圣弃智"（《胠箧》），重回天人合一的自然状态。后来的道教则把天人合一的思想作为一种修炼手段和境界而特别加以强调了。

【天人感应】

天人感应说源于人类的实践活动，主要是农业生产中人们所感受到的人类与天象和物候之间的关系。人们在实践中发现，不同的季节有不同的天象和物候。人们必须根据不同的天象和物候来安排自己的生活和生产，否则就会产生不好的后果。于是在自然界和人之间，也就是在天和人之间有了某种联系。《吕氏春秋·十二纪》就对人在一年十二个月中应该做什么和不应该做什么作了详尽的规定，以顺应天时，避免天怒。这是天人感应思想的早期萌芽。

到了西汉，董仲舒又提出了天与人交互感应的命题。他认为，天是有意志的，天和人是相通的，对人的不同行为，天会作出相应的反应。若是善行，上天就喜悦，示以祥瑞；若是恶行，上天就震怒，就会示以灾异警告。董仲舒认为，上天能干预人事，人事也能感应上天，尤其是帝王的行为，所以帝王也不能无法无天。暴君在位，一定天怒人怨，有怪异的天象出现；贤君在位，一定天下太平，有祥瑞呈现。这类天人感应的记载，二十四史中比比皆是。天人感应说是董仲舒的一种神学理论，也是古代中国人的一种观念和信仰,虽然荀子早就说过"天行有常,不为尧存,不为桀亡"(《荀子·天论》),但这种天人感应的观念和信仰在古代中国人的心目中依然根深蒂固。

【名讳】

古代人际交往的称谓礼节,即讳称对方之名,无论书面或口头,都必须避免直呼其名。

名讳习俗起源于周朝而完善于秦汉。按周朝礼制,男子行冠礼时一般都要取字,以便日后作为社会交际的称呼,所以成年之后人际交往即以称字为敬,直呼其名被认为是非常不礼貌的一种行为。

《辞源》对名讳的解释是:"古人在言谈和书写时要避免君父尊亲的名字。对孔子及帝王之名,众所共讳,称公讳;人子避祖父之名,称家讳。"

公讳也叫国讳或庙讳,是避当朝天子及其祖先的名讳。如秦朝避始皇嬴政名讳,《史记·秦始皇本纪》引《正义》说,以"正音政"为"始皇讳"而改其读音为"征"。又《史记·秦楚之际月表》"端月"注引《索隐》曰"秦讳正,谓之端",则又改写"正"字为"端",于是正月就被称为"端月"。始皇之父庄襄王名子楚,楚也因避讳而改称"荆"。汉时避刘邦名讳,邦改称"国";避汉武帝刘彻名讳,彻改称"通"。国讳是名讳中最重要也是最严格的,人人都必须遵守,皇帝也不能例外。

避孔子的名讳称圣讳。初时并无避孔子名讳之说,自唐追赠孔子为文宣王之后,"丘"字便成了圣讳,必须敬避。之后随着历代王朝的不断加封,避得越来越严格。至清雍正时,又加上孟子,规定孔孟的名讳都须敬避。

家讳也叫私讳,是避自己父母祖辈的名讳。如司马迁作《史记》,多避其父司马谈名讳,凡人名皆以"同"替代"谈",意谓其名与我父同,所以在《史记》中,"李谈"就成了"李同"(《平原君列传》),"赵谈"则干脆叫作"同子"(《报任安书》)。又如东晋书法家王羲之的祖父名正,于是"正月"在他笔下都写成了"初月"或"一月"。

此外还有一种叫宪讳的,即避上级长官的名讳。如尽人皆知的民谚"只许州官放火,不许百姓点灯"说的就是这种宪讳现象。据陆游《老学庵笔记》记载,一个叫田登的州官,在上元放灯时,不许全州官员和百姓说与"登"同音的"灯",于是"放灯"就被说成了"放火"。

【避讳法】

避讳法大致有三种。

其一是改字,即以同义字或近义字替代讳字。这是避讳中采用最多的一种方法,自秦汉一直沿用到晚清,有的讳字还一直沿用到现在。如二十四节气中的"惊蛰",原作"启蛰",汉时避景帝刘启名讳而改,一直沿用到现在,很少有人知道"启"原是个讳字。又如古代中央政府六部中的"户部",原作"民部",唐时避太宗李世民名讳而改,后代也一直沿用了下来。

其二是缺笔,即不把讳字写全,省去最后的一二笔。如孔丘的"丘",倒数第二笔短竖不写;李世民的"世",最后一横不写;玄烨的"玄",最后一点不点;等等。《红楼梦》中写林黛玉读书"读至凡书中有'敏'字,皆念作'密'字,每每如是",就是因为她的母亲叫贾敏。如果是写字,那就是最后一捺不写。

其三是空字,即遇讳字空而不书。魏徵著《隋书》,遇"王世充"之名辄空一"世"字而径作"王 充";遇"韩擒虎"则作"韩擒 ",因为"虎"字犯了李渊祖父李虎名讳。这种空字法,有时也以"某"字或"讳"字来替代本字。如《史记·文帝本纪》讳景帝之名"启"而写作"子某最长,纯厚慈仁",文中的"子某"就是"子启"。旧本《宋书》则以"讳"字替代。武帝刘裕、文帝刘义隆和孝武帝刘骏三人的本纪,均以"刘讳"称之。这个"讳"字,就分别替代了"裕""义隆"和"骏"。如果不了解个中原委,阅读时便难以明白。今二十四史标点本,此类讳字都已回改。

【谥法】

古代评定谥号的规定和标准。谥号是人死后的一个特殊称号,多指帝王和有相当级别的文武大臣死后,后人根据其生前的德行和功绩所给定的意寓褒贬的称号。

评定谥号的谥法始于西周而流行于春秋战国,秦统一后曾一度废止,以为"子议父,臣议君"的谥法是一种不敬的行为,至西汉王朝建立后又重新恢复,一直沿用至晚清。

立谥的宗旨是"惩恶劝善",希望能对后人有所惩戒和激励,所以谥号有褒贬之分。大致分为三类:美谥、平谥和恶谥。美谥是褒,平谥是怜,恶谥是贬。

表示褒扬的美谥有:神、圣、文、武、明、德、成、康、穆、昭、庄、惠等。

表示同情的平谥有：伤、殇、悼、闵、哀、怀等。

表示贬抑的恶谥有：荒、夷、灵、厉、戾、炀、幽等。

谥号中每一个谥字都有特定的含义。如美谥之"神"，含义是"民无能名"；"圣"的含义有"扬善赋简"和"敬宾厚礼"两种；"文"则有"经纬天地""道德博闻"和"学勤好问"等六种含义。恶谥的"荒"有"凶年无谷""外内从乱"和"好乐怠政"三种含义。平谥之"伤"，其含义为"未家短折"等。

谥号照理是与生前品行和业绩相关的，但实际很难操作，继位之君谁愿意给刚去世的父亲加一个恶谥？所以历代君王，除了几个亡国之君，几乎没有恶谥，昏君也都是美谥。谥号完全失去了"惩恶扬善"的作用。

谥号最初只有一个字或两个字，如"周文王""汉武帝""隋炀帝"；唐以后谥号逐渐加长，如太宗的谥号便是"文武大圣大广孝皇帝"；自武则天之后，又实行追加尊号的制度，于是谥号越来越长，最长的清太祖努尔哈赤的谥号竟有二十余字。

谥号中还有一种称为私谥的，一般是有名的文人学者或隐士死后，由其亲友或门生等人所加，如东晋陶渊明私谥靖节徵士。

【干支】

天干地支的简称，我国古代特有的一种主要用于纪时的序数系统。

天干，也称"十干"，有十个符号：甲、乙、丙、丁、戊、己、庚、辛、壬、癸。

地支,也叫"十二支",有十二个符号:子、丑、寅、卯、辰、巳、午、未、申、酉、戌、亥。

天干地支配合着循环一周为六十年,这是因为十和十二的最小公倍数是六十,所以天干地支就有以下六十种组合:

甲子 乙丑 丙寅 丁卯 戊辰 己巳 庚午 辛未 壬申 癸酉

甲戌 乙亥 丙子 丁丑 戊寅 己卯 庚辰 辛巳 壬午 癸未

甲申 乙酉 丙戌 丁亥 戊子 己丑 庚寅 辛卯 壬辰 癸巳

甲午 乙未 丙申 丁酉 戊戌 己亥 庚子 辛丑 壬寅 癸卯

甲辰 乙巳 丙午 丁未 戊申 己酉 庚戌 辛亥 壬子 癸丑

甲寅 乙卯 丙辰 丁巳 戊午 己未 庚申 辛酉 壬戌 癸亥

天干地支的配合每隔六十年重复一次,周而复始,可以无穷无尽。干支是古代用来记录年、月、日、时最普遍的一种方法。人们常说的生辰八字,指的就是用干支记录的年、月、日、时的八个字。到目前为止,干支纪年还是我国农历的纪年方法。

【历法】

用年、月、日来计算时间的方法,即根据太阳和月亮的运行规律来安排年、月、日以纪时并区分四时节气的方法。

世界的历法有三种:以月亮运行为主要依据的阴历,以太阳运行为主要依据的阳历,兼顾太阳和月亮运行的阴阳历。我国传统的历法俗称农历,农历属阴阳合历;国际通用的公历属阳历。纯阴历早已淘汰,把我国农历称为阴历的说法是一种错误。

阴历的历月长度是一个朔望月,约为二十九天半,十二个朔望月即一个阴历年的长度,约为三百五十四天又四分之一强。阳历的历年长度是一个太阳回归年,约为三百六十五天又四分之一弱。

我国农历是兼顾太阳和月亮运行变化的历法,以一个太阳回归年为历年的时间长度,但十二个朔望月的时间长度比一个太阳回归年少十一天左右,于是就采用置闰的办法解决,所以农历就有闰月。

"闰"的意思是余,置闰就是为解决太阳、月亮和地球在运行中所形成的年、月、日之间的余数问题。古人经过长期的精心观察和周密计算后,终于找到了一个比较精确的置闰法:十九年七闰。十九年中加七个闰月的时间长度,与十九个太阳回归年基本相等,只多了两小时十分不到,累计二百一十一年才多一天。

十九年七闰的置闰周期,古人称为闰周。其中,十九年称章岁,置闰的七年称章闰,加上七个闰月总共二百三十五个月称章月。"章"的意思是一个段落。太阳周天十九次,月亮周天二百三十五次后,日月又在原地相会了。

置闰又与节气密切相关。说详"二十四节气"。

【三正】

指春秋战国时期各国历法不统一的现象,即所谓的夏正、殷正和周正。"正"指正月,就是一年的第一个月。春秋战国时各国历法的主要区别在于岁首月建的不同,也就是一年的第一个月设在哪个月的区别。

周历建子,以冬至所在的子月为岁首;殷历建丑,以农历十二月为岁首;夏历建寅,岁首就是现在的农历正月。三正各相差一个月,但也因此形成了四季的差异。如《左传·昭公十七年》:"火出,于夏为三月,于商为四月,于周为五月。"这里的"火"指的是大火星,就是心宿二。意思是说大火星在天上出现的时间各不相同:夏历是三月,殷历是四月,周历是五月。成语"七月流火"的"火"就是大火星,这里所说的"七月"指的是夏历,秋季的第一个月,这时大火星开始偏西下沉,意谓天气要转凉了。

现将三正之月建与季节的对应关系列表如下:

月建	子	丑	寅	卯	辰	巳	午	未	申	酉	戌	亥
周历	正 (春)	二	三	四	五	六 (夏)	七	八	九 (秋)	十	十一	十二 (冬)
殷历	十二 (冬)	正 (春)	二	三	四	五	六 (夏)	七	八	九 (秋)	十	十一 (冬)
夏历	十一 (冬)	十二	正 (春)	二	三	四	五	六 (夏)	七	八	九 (秋)	十 (冬)

【二十四节气】

二十四节气是十二个节气和十二个中气的总称,是我国农历的重要组成部分,与农业生产的关系特别密切,是我们祖先在历法上的一个独特创造。

二十四节气的名称、顺序和相对应的农历月份如下:

正月	立春	雨水	二月	惊蛰	春分
三月	清明	谷雨	四月	立夏	小满
五月	芒种	夏至	六月	小暑	大暑
七月	立秋	处暑	八月	白露	秋分
九月	寒露	霜降	十月	立冬	小雪
十一月	大雪	冬至	十二月	小寒	大寒

在二十四节气中,古人按上述顺序把从立春开始的单数节气称为"节气",简称"节",如立春、惊蛰(原名启蛰,避汉景帝名讳而改),与月份结合时,立春也叫"正月节",惊蛰也叫"二月节";双数节气则称为"中气",简称"中",如雨水、春分,与月份结合又称"正月中"和"二月中"。

二十四节气在太阳回归年上的日期基本固定,如清明总在四月五日左右,冬至总在十二月二十二日左右;但和朔望月的搭配却经常有变化,因为十二个朔望月比一个太阳回归年少了十一天。如2019年的清明,农历是三月初一,2020年的清明就是农历三月十二,刚好延迟了十一天。

就每个月的节气和中气说,一个节气加一个中气的时间长度大致为三十天半,而一个朔望月却只有二十九天半,因此每个月的节气和中气在农历上总要比上个月晚一二天。又由于节气和中气的间距是相等的,所以有时一个朔望月中就可能会只有节气而没有中气,或只有中气而没有节气。根据历法的规定,"朔不得中则置闰",所以没有中气的月就是闰月。遇到闰月,农历的年长就有三百八十四天左右,比一个太阳年长了十九天,所以下一年节气的农历时间就会提前十九天左右。如2020年是农历闰年,有闰四月,所以2021年的清明就提前到了二月二十三,与2020年的三月十二相比,刚好提前了十九天。

【大同】

儒家的理想社会和太平世界。据《礼记·礼运》的记载,孔子感叹自己未能赶上古代的大同世界,但内心很向往,他就对学生描绘了这个理想中的大同世界：

> 大道之行也，天下为公，选贤与能，讲信修睦。故人不独亲其亲，不独子其子，使老有所终，壮有所用，幼有所长，矜寡孤独废疾者皆有所养。男有分，女有归。货恶其弃于地也，不必藏于己；力恶其不出于身也，不必为己。是故谋闭而不兴，盗窃乱贼而不作，故外户而不闭。是谓大同。

意思是说，在大道实行的大同时代，天下是大家公有的，人们选择贤能的人来管理社会，人和人之间讲求信用并和睦相处。人们不只是尊敬孝顺自己的父母，不只是关爱自己的子女，而是使全社会的老人都能得到赡养和善终，使青壮年都有用武之地，使孩童都能得到抚养和教育，丧妻丧夫、孤独无助的人以及残疾者都能得到照顾。男子都有工作，女子都能适时地婚嫁。大家都痛恨财物被糟蹋和浪费，却不一定要自己私藏；大家都愿意竭尽全力做事，而不一定是为自己谋私利。因此，在这样的大同社会里，阴谋诡计没有了施展的空间，小偷小摸和乱臣贼子也不会产生，家家户户连大门都不用关闭。

这就是孔子给我们描绘的上古时期的大同社会。

【小康】

儒家所描绘的我国世袭社会的一种模式，虽不及"天下为公"的大同社会，却也不失为一种较好的社会体制。康就是安，小康就是小安。在《礼记·礼运》中，孔子描绘了大同社会后，对小康社会也有一番描述：

> 今大道既隐，天下为家。各亲其亲，各子其子，货力为己。大人世及以为礼，城郭沟池以为固。礼义以为纪，以正君臣，以笃父子，以睦兄弟，以和夫妇，以设制度，以立田里，以贤勇知，以功为己，故谋用是作，而兵由此起。禹汤文武，成王周公，由此其选也。此六君子者，未有不谨于礼者也，以著其义，以考其信，著有过，刑仁讲让，示民有常。如有不由此者，在势者去，众以为殃。是谓小康。

意思是说，处于小康社会时天下为公的大道已经消逝不见，天下变为私家所有。人人只敬爱孝顺自己的父母，只关爱自己的子女，收藏财物或施展能力也都只是为了自己。把天子和诸侯的世袭制度看作合乎礼制，把建造内外城墙和护城河作为加固防守的工事。以礼义作为纲纪和准则，以此来匡正君臣关系，加深父子感情，使兄弟和睦，使夫妻和谐，设立制度，确立农田和居住的范围，尊崇有勇力有智谋的人，奖赏为自己效力的人。于是，各种计谋就由此兴起，战乱也由此发生。大禹、商汤、周文王、周武王、周成王和周公，就成了其中的杰出人物。这六位君子，无不谨慎认真地奉行礼制。他们用礼来表彰人们合乎道义的行为，来考核验证人们的信用，用礼来揭露过错，来确立仁爱的法则，提倡谦让，用礼来指导人们应有的常规行为。假如有不按照礼所确立的制度去做的，有权势者将被斥退，大家也会把这样的人看作祸害。这就是小康社会。

和大同社会相比，小康社会似乎是大同社会的初级阶段。在大同社会，全社会的道德觉悟极高，人人自觉，行为没有不合于礼的；而在小康社会，一切都还要靠制度来约束，以使人们不超越礼所规定的界限。

【华夏】

"华夏"这个概念最初指的是民族，即华夏族，是汉族的前身。后来与四周的少数民族融合和同化，形成了以汉民族为主体的民族共同体——中华民族。

"华"的意思是华美，"夏"的意思是大。《左传》孔颖达疏云："中国有礼仪之大，故称夏；有服章之美，谓之华。"意谓华夏族是当时有礼仪而服装华美的文明民族。这个词所反映出的是古代华夏民族在文化上的优越感和自豪感。

"华夏"后来还成为中国的代称。上古时，华夏族相对于四夷各民族而言，是中国最大的包括黄帝和炎帝等族在内的强大的部落集团，是中国早期王朝的主要民族，所以自商周之后，就成了中国的代称。

【封建】

封土建国的简称，古代国家结构形式之一。西周是这种国家结构形式的主要代表。

公元前十一世纪西周王朝建立后，即用分封同姓子弟和异姓功臣的办法来分区管理天下，让他们去封地建立邦国，以维护周王朝的统治。

被封的子弟与功臣称诸侯,分为公、侯、伯、子、男五个等级。诸侯在封国内的统治是世袭的,有相对的独立主权,对卿大夫等还可再逐级分封。卿大夫的封地称为"采邑"。

周王朝是各邦国诸侯的共主,称天子;各诸侯国虽各自为政,有独立主权,但必须履行朝贡和勤王等义务,并服从周天子的命令。

【郡县】

秦统一中国以后的国家结构形式,这种国家结构形式与封建的分封制完全不同。

在封建制的春秋时代,秦、晋、楚等大国开始在边远地区和新兼并的地域设置县和郡,这在当时是非世袭的地区行政单位,地方长官直接对国君负责,由国君直接任免。县原是"悬"的古字,意指这个地方距离国君悬远。也有人以为是"悬而未决"的意思,指那些已经被征服的地方将封给谁尚未决定。所以"县"最初并非州县之"县"。但悬而未决的地方也需要有人去管理,时间一长就逐渐成了一个政区单位。"郡"字从君从邑,意谓这是国君直辖之地。春秋时县的面积大于郡,郡受辖于县,战国后才逐渐形成郡辖县的两级地方行政单位制度。

秦统一中国以后,废除了原先诸侯的封国和大夫的采邑,采用在秦已局部实行的郡县两级制,分全国为三十六郡,郡下设县,郡守和县令直接受命于中央政府,中央政府直接任免地方长官。这就是郡县制。汉以后,地方行政区划和地方行政长官的名称虽不断有所变化,但就其实质而言,一直到清朝,国家的结构形式都是

附录一：常见国学名词简释

这种中央集权的郡县制。

【察举】

也叫荐举，汉朝时主要的选官制度，即考察和推举。

我国古代官员的任用，原始社会是"选贤与能"，奴隶社会有所谓的"乡举里选"，但占主导地位的还是"世卿世禄"。春秋战国时虽也有以军功、养士或客卿而致官者，但其基础依然是"世卿世禄"。

刘邦建立西汉后，为吸引人才曾下求贤诏，要求各郡推举"贤士大夫"。汉文帝时又实行以举贤良、举孝廉为中心的人才推举措施，延续至汉武帝，就形成了一套以察举和征辟为基础的新的选官制度。

察举是一种由地方郡国长官在其辖区内考察和推举人才的选官制度，是汉朝最主要的选官制度，由原来的"乡举里选"发展而来。察举有常科与特科之分。常科经常举行，主要是孝廉和秀才两种；特科为特别指定的，主要是贤良方正和贤良文学等当时特别需要的专门人才的选拔。

汉朝还有一种不通过推荐而直接授官的选官制度，就是征辟。"征"是皇帝直接下诏，指名聘某人来朝为官，也叫特诏或特征；"辟"是公卿或州郡官府聘某人来做僚属，也叫辟召或辟除。

汉朝的察举制度到东汉桓灵时已弊端丛生。当时有一首童谣说："举秀才，不知书；举孝廉，父别居。寒素清白浊如泥，高第良将怯如鸡。"（《抱朴子·审察》）这就是当时察举的现状。汉初的选官制度，至此已是名存实亡。

【九品中正制】

魏晋南北朝时主要的选官制度,也叫九品官人法。这种选官制度实际上是两汉察举制的延续和发展,或者说是察举制的另一种表现形式。

察举制在东汉末已为门阀世族所操纵而滋生种种腐败现象,影响了中小地主及其知识分子的参政,九品中正制就是在这种背景下产生的。曹操首先提出"唯才是举"的主张,三次发布求才令,逐渐改变了当时由门阀世族操纵选官的局面。之后曹丕把曹操的主张方针化,就形成了新的九品中正制的选官制度,即把人分为九个品第,根据品第高下选官。

九品中正制在内容上主要有三条:设置中正官以掌管品评,根据被品评士人的家世和行状确定品级,按品评的等第授官。

这个新的选官制度在实行之初,因打破了门第的尊卑观念而唯才是举,确实起到了革除汉末吏治流弊和网罗人才的作用;但到西晋之后,又逐渐违背了唯才是举的初衷,中正官为豪门世族所垄断,人物品评注重出身与门第,实际上已成了"门选",成了巩固门阀制度的工具,以致最后形成"上品无寒门,下品无势族"的局面。九品中正制由此逐渐衰落,到隋文帝时被彻底废止,取而代之的便是科举选官制度。

【科举】

隋唐以后历代王朝的选官制度。所谓科举,就是以分科考试的方式来选拔官员的制度,有定期的常科和临时的制科两种。以下以唐朝为例简说。

附录一:常见国学名词简释

唐朝是科举考试渐趋完善的时期，当时常科又分常贡科和特设科两种。常贡科主要有秀才、进士、明经、明法、明字、明算，特设科主要有道举（玄学）、童子（十岁以下能通一经）、一史（《史记》）、三史（《史记》与前后《汉书》）、三传（《春秋》三传）、三礼（《周礼》《仪礼》《礼记》）、开元礼（开元时期的礼仪）等。有人统计，唐朝先后开设过的科目有二百七十种之多。

　　在这些科目中，特设科是不常举行的，常贡科中的明法、明字等也不被看重，秀才科又太难，每次只取一二人，后来就停考了，所以当时常科中最重要的科目就是进士与明经，尤其是进士科特别受到重视。因为明经考的是"帖经墨义"，相当于现在的填空默写，难度较低，录取比例又相对较高，为十分之一二，而进士是百分之一二，所以整个社会形成了重进士轻明经的倾向。

　　制科是一种选拔特殊人才的科举考试，由皇帝根据某种需要特别下诏并亲自主持。考期不固定，科目也往往是临时决定的，前后有八十六种之多，如贤良方正能直言极谏科、才识兼茂明于体用科、军谋宏远堪任将帅科。制科高中即被授以美官和出身，名望很高，但其地位在人们心目中远比不上进士科，以为非正途出身，被称为"杂色"。

　　此外还有武举，初创于武则天时期，一种选拔武将的科举考试，主要考马射、步射、马枪、负重等，也考查语言和身材，但历来不受重视。

　　宋以后科举考试逐步完善和严密起来，但基本框架并无根本的变化。

【诗言志】

我国传统诗学的一个基本观念,也是我国文学思想最早的文字记录。语出《尚书·尧典》:"诗言志,歌永言。"先秦时期,类似"诗言志"的说法屡见于诸子著作中,这似乎是当时人们的共同认识。

"诗言志"的"志"该如何理解?《毛诗序》说:"诗者,志之所之也。在心为志,发言为诗。"唐孔颖达疏曰:"诗者,人志意之所适也。虽有所适,犹未发口,蕴藏在心,谓之为志;发见于言,乃名为诗。言作诗者所以舒心志愤懑,而卒成于歌咏,故《虞书》谓之'诗言志'也。"

"志"最初的意思应是"情",即蕴藏于内心的"心志愤懑"等情感,而不是抽象的思想。把内心的情感表达出来就是诗。

到了战国时代,"诗言志"的内涵有了变化。"诗"不是广义的诗,成了专指《诗经》的诗;"志"也不再指情感,而是指某种看法或观点。在交际场合尤其是外交场合,常常借《诗》以喻其志,赋《诗》言志,表达一种观点成了一时的风气。那时如果不熟悉《诗》,在交际场合就将穷于应对。所以孔子说:"不学《诗》,无以言。"

汉以后,"诗言志"的内涵又有变化,"诗"不专指《诗经》,"志"也变成有关修身齐家治国平天下之志,"诗言志"就成了一个有着政治和伦理内涵的命题,成了中国诗学的一个传统。诗歌应该表达人的政治思想和合乎伦理规范的道德情怀,这就是现在对"诗言志"的一般理解。

附录一:常见国学名词简释

【诗缘情】

我国传统诗学的一个基本观念。语出西晋陆机《文赋》："诗缘情而绮靡,赋体物而浏亮。"意谓诗是写情的,重在抒情和表现;赋是写物的,重在状物,重在铺陈和再现。"绮靡"和"浏亮"指的是形式和声韵要美,体现了文学对语言文字在表达上的要求。

其实,早期的"诗言志"就是"诗缘情",说的就是诗要表达内心情感。自汉儒把言志的重点转向政治和伦理之后,才有了陆机"诗缘情"的主张。

"诗缘情"可以看作对"诗言志"的补充和完善。一个人既要有宏大的志向怀抱,也应有正常的七情六欲,因此,诗除了言志,表达修齐治平的志向怀抱外,还会有缘情的一面,即表达内心的七情六欲。这才是一个完整的人。所以"言志"和"缘情"是一个诗人的两面,应该是统一的。

【诗无达诂】

我国传统阐释学的一种观点。语出西汉董仲舒《春秋繁露·精华》:"《诗》无达诂,《易》无达占,《春秋》无达辞。"

"达诂"就是"通诂",意谓不变的通行解释。《诗》无达诂原指对《诗经》可以有多种理解。文学不比数学,答案不是唯一的,阐释也不会一样,所谓见仁见智。作者如此说,读者未必如此理解。历代阐释《诗经》的人,其实也只是阐述他们自己所理解的意思,未必就是诗作者的本意。不只是《诗经》,其他诗词乃至许多文学作品也都是如此,如对李商隐无题诗的索解至今众说纷纭就是一个典型例证。

"诗无达诂"就是承认对诗词等文学作品在理解和阐释上的差异。

【文以载道】

我国传统的文学观念。语出北宋理学家周敦颐《通书·文辞》:"文所以载道也。"

文与道的关系,是儒家文艺观的一个根本性问题。"文以载道"的字面意思是文章要表达思想,"道"是思想内容,"文"是表达形式。但从儒家的文艺观说,这里所说的"道"特指儒家之道,即儒家的政治理想和道德原则,"文"则是表现儒家之道的手段和工具。儒家的这一文艺观对中国文学影响很大。

中国古代所谓的正统文学是诗与文,对诗要求"言志",对文要求"载道",这就是我国古代所谓"正统文学"的两大基本文学观念。

【意境】

我国传统诗学的一个基本概念,指通过形象的描写所表现出来的一种境界和情调。

"意"指诗人内心的主观感受,"境"指外界的自然之景。托名盛唐诗人王昌龄的《诗格》提出了诗的三境:物境、情境、意境。说诗歌所表现的有三种境界:物的境界,即自然的物态;情的境界,即情感的活动;意的境界,即心灵的感悟。这三境之中,意境的主观成分最重。中唐以后,"意"与"境"逐渐融合为一,成了一种情景交融的艺术境界。

"意"原是先秦的哲学术语，就是"心"，指内心的思想和情志；"境"原指空间的环境和界域，后受汉译佛经影响，转指心所攀缘的外物，兼指人的心理状况，所以后来就有了"境界"一说。

　　王国维《人间词话》对"境界"的看法是："境，非独谓景物也，喜怒哀乐，亦人心中之一境界。故能写真景物、真感情者，谓之有境界，否则谓之无境界。"王国维所说的"境界"就是"意境"。最高的意境就是情与景、思与境的交汇融合，如陶渊明《饮酒》诗的"采菊东篱下，悠然见南山"，苏轼在《东坡题跋》中赞之为："因采菊而见山，境与意会，此句最有妙处。"

附录二:国学最基本的阅读书目(20 部)

一、经

　　1.《论语》

　　2.《孟子》

　　3.《礼记》

　　4.《孝经》

　　5.《左传》

　　6.《诗经》

　　7.《尚书》

　　8.《周易》

　　9.《四书集注》

二、史

　　1.《史记》

　　2.《资治通鉴》

三、子

　　1.《老子》

2.《庄子》

3.《墨子》

4.《荀子》

5.《韩非子》

四、集

1.《楚辞》

2.《古文观止》

3.《唐诗三百首》

4.《宋词三百首》

附录三：主要参考书目

［1］永瑢，等.四库全书总目：全二册.北京：中华书局，1965.

［2］梁启超.中国历史研究法.上海：上海古籍出版社，1987.

［3］梁启超.梁启超国学讲录二种.陈引弛，编校.北京：中国社会科学出版社，1997.

［4］章太炎.国学概论.上海：上海古籍出版社，1997.

［5］章太炎.章太炎讲国学.张昭军，编.北京：东方出版社，2007.

［6］曹聚仁.中国学术思想史随笔.北京：生活·读书·新知三联书店，1986.

［7］柳诒徵.中国文化史.北京：中国大百科全书出版社，1988.

［8］吕思勉.先秦学术概论.北京：中国大百科全书出版社，1985.

［9］吕思勉.经子解题.上海：上海文艺出版社，1999.

［10］冯友兰.中国哲学简史.北京：北京大学出版社，1985.

［11］杨东莼.中国学术史讲话.长沙：岳麓书社，1986.

［12］张岱年.中国文史百科.杭州：浙江人民出版社，1998.

［13］王欣夫.文献学讲义.上海：上海古籍出版社，1986.

［14］来新夏.古典目录学浅说.北京：中华书局，1981.

［15］顾实.汉书艺文志讲疏.上海：上海古籍出版社，1987.

［16］钱穆.国学概论.北京：商务印书馆，1997.

国学概说

［17］ 曹伯韩.国学常识.北京:生活・读书・新知三联书店,2002.

［18］ 朱维焕.国学入门.北京:中国人民大学出版社,2005.

［19］ 刘兆祐,江弘毅,等.国学导读.北京:中国人民大学出版社,2005.

［20］ 谢谦.国学词典.北京:中国人民大学出版社,2005.

［21］ 朱自清.经典常谈.北京:生活・读书・新知三联书店,1980.

［22］ 屈守元.经学常谈.成都:巴蜀书社,1992.

［23］ 杨伯峻,等.经书浅谈.文史知识编辑部,编.北京:中华书局,1984.

［24］ 郑杰文,傅永军,等.经学十二讲.北京:中华书局,2007.

［25］ 李宗邺.中国历史要籍介绍.上海:上海古籍出版社,1982.

［26］ 许凌云.读史入门.北京:北京出版社,1984.

［27］ 柴德赓.史籍举要.北京:北京出版社,2002.

［28］ 邱燮友,田博元,张学波,等.国学课.北京:生活・读书・新知三联书店,2007.

［29］ 顾荩臣.经史子集概要.上海:华东师范大学出版社,2008.

［30］ 谭正璧.国学概论新编.北京:北京出版社,2016.

［31］ 张衍田.国学教程.北京:中华书局,2013.

［32］ 邓云乡.云乡话书.石家庄:河北教育出版社,2004.

初版后记

　　书终于断断续续写完了，说说此书的写作缘起。

　　此书的写作纯属偶然，不在计划之中。去年三月系里王意如兄问我能否去开元中学对中学教师讲讲国学，我答应去试试，结果讲了三次。为了讲课，我准备了一个提纲，大约二三万字，只有经和子两方面的内容。讲完之后，蒋小雯女士认为不妨扩展成一本书出版，我当时未置可否，但也想做得完整些，所以又补写了史方面的内容，但对能否出版并不抱很大希望。谁知蒋小雯竟真的为我去联系出版了，承上海教育出版社领导的错爱，认可了这本小书的整体框架和文笔，愿意出版，于是就有了这本书，而书稿也由最初的八万字扩展到了现在的十几万字，内容相对完整了许多。

　　这本书得以出版，得益于蒋小雯女士的积极奔走。以我的懒散和惰性，没有她的努力和催促，这本书绝对出版不了，在此顺致衷心的谢意。同时也要感谢上海教育出版社领导的关心和支持，还要感谢编辑室主任袁彬女士和责编南钢博士，感谢他们为这本小书所付出的辛勤劳动。总之，没有以上几位的努力就没有这本小书。

　　写作本书时，适逢《新编成语大词典》等几部书稿正在校对或撰写之中，所以写得比较匆忙，错漏必然不少，敬请读者和方家指正。

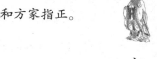

陈璧耀

二〇〇八年三月六日

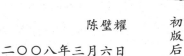

初版后记

增订本后记

　　时隔十二年,上海教育出版社有意再版这本《国学概说》,使我有机会对这本小书加以修订补正。当时因为写得比较匆忙,表达有不周全乃至错误的地方,这次都尽可能一一予以补充和改正,使这本小书能够以更完善的面貌再次面世。

　　《国学概说》于 2008 年 9 月出版之后,《文汇报》曾有一篇推介文字,取名《推开国学这扇门》,说"《国学概说》是一本介绍传统国学的基础读物。在书中,作者对传统的国学知识作了较为全面的叙说,文笔平实而简明。与坊间近期出版的一些'作'多于'述'的国学读物不同,本书努力贯穿'述而不作'的写作宗旨,着眼于国学概貌的介绍,点明即止,要言不烦,强调以'述'为主,重在普及",称此书"有助于读者了解我国传统国学的整体框架"。(《文汇报·书缘》2008 年 9 月 27 日)后来就有学校以本书为国学课的教材或教学参考书。网上对本书也多有好评,还有推荐的,如"广汉荐书"说本书"对传统的国学知识作了非常全面而简洁明了的介绍,非常适合用作入门级读物"。

　　确实,本书撰写的初衷,就是想比较全面地对国学基本知识作一番简介,不展开,不作主观的发挥,所谓"述而不作",所以取名"概说"而非"概论"。

　　这次出增订本,我对全书文字作了比较仔细的校对与梳理:删去了一些可有可无的习用赘字,如"的""是""了"等;改正了个别引文差错,如"史部"的《竹书纪年》;完善了某些叙说不周全的文字,如"史部"中《三国志》《清史稿》和《十七史商榷》的部分内容,"子部"中"诸子之渊源"的部分内容,"常见国学名词"中"明堂"和"中庸"等条的简释,等等。此外,还在"经部"所附"小学概说"的"文字学""音韵学"和"训诂学"三个部分中,分别增加了一些常用字书、韵书和训诂书的简说;在"子部"的"法家"部分增加了一节"法家先驱";在"集部"中也增加了一节"集与集部",对何为集以及集的分类有所阐说,原来最单薄的"别集"部分也适当增加了一些内容。

增订本单从篇幅上说,就增加了近两万字,内容相对初版更丰富更完整,文字与表述较初版则更为简洁。增订本责编许霞女士对书稿的校对也极其用心,非常认真负责。她的辛勤工作也为本书增色不少,谨在此向她致以衷心的谢意。

是为增订本之后记。

陈璧耀

二〇二〇年五月十一日

增订本后记

图书在版编目（CIP）数据

国学概说 / 陈璧耀著. — 增订本. — 上海：上海教育出版社，2020.11
（国学开讲 / 杨林成主编）
ISBN 978-7-5720-0243-4

Ⅰ.①国… Ⅱ.①陈… Ⅲ.①国学－基本知识 Ⅳ.①Z126

中国版本图书馆CIP数据核字(2020)第193022号

责任编辑　许　霞　杨林成
封面设计　陆　弦

国学开讲
国学概说（增订本）
陈璧耀　著

出版发行　上海教育出版社有限公司
官　　网　www.seph.com.cn
地　　址　上海市永福路123号
邮　　编　200031
印　　刷　上海昌鑫龙印务有限公司
开　　本　890×1240　1/32　印张9
字　　数　194千字
版　　次　2020年11月第1版
印　　次　2020年11月第1次印刷
书　　号　ISBN 978-7-5720-0243-4/G·0190
定　　价　39.00 元

如发现质量问题，读者可向本社调换　电话：021-64377165